De Corazón a Corazón

Neuroteología para una fe viva

Profe Escamilla

ISBN: 978-628-01-9444-8

Este libro es una carta.
Y toda carta lleva un destino.
Si deseas dedicarla a quien amas,
o a ti mismo,
este espacio es tuyo.

De parte de:

Para:

Con todo mi corazón.

"El amor nunca deja de ser."
(1 Corintios 13:8)

DEDICATORIA DEL AUTOR

A María Victoria,
amante de los libros y de las preguntas que nacen del alma.

Este libro es mi respuesta —no perfecta, pero sincera— a las inquietudes más profundas que un día me compartiste sobre Dios, la fe y la iglesia.

Lo escribí pensando en ti, con la esperanza de que cada página te acompañe en el camino hacia una fe libre, viva y madura.

Con todo mi amor,
Papá.

CONTENIDO

AGRADECIMIENTOS

A Dios, mi Padre eterno, origen de todo lo bueno y fiel compañero en cada jornada. Gracias por darme un corazón inquieto, por enseñarme a escucharte en el silencio y por rodearme de tu gracia cuando más lo necesitaba.

A mis padres, por sembrar en mí las primeras semillas de la fe, por su testimonio pastoral y por formar, con su ejemplo, el cimiento de lo que hoy soy.

A mi esposa, compañera de vida, inspiración de este libro y sostén de cada paso. Gracias por tu amor incondicional, tu fe silenciosa y tu entrega que hace posible lo imposible.

Y a mi hija, por ser promesa y presencia. Por enseñarme cada día que el amor verdadero se parece a ella: valiente, tierno y lleno de esperanza.

INTRODUCCIÓN

El sueño de los pastos delicados

Hace algunos años, una noche cualquiera, tuve un sueño que todavía resuena en mi alma como un eco sagrado; aún se siente, se huele y se escucha.

En el sueño, me encontraba en medio de una multitud. Todos esperaban algo o a alguien. Era como si estuviéramos en una sala de espera celestial. Y entonces, entre tantos, una figura apareció. No puedo explicar cómo, pero supe de inmediato que era Él. Se acercó, me miró, sonrió, y con ternura infinita me dijo: *"Quiero estar contigo"*. Me tomó de la mano y me escogió de entre todos. En ese instante supe que nada ni nadie podría detener lo que estaba por suceder.

La multitud trató de retenernos, de rodearnos, de impedir que avanzáramos. Pero su mano era fuerte. Sin pronunciar palabra, atravesamos paredes, obstáculos y voces que intentaban detenernos. Caminábamos como quien camina con destino seguro.

Llegamos a un lugar sereno, hermoso, abierto y fragante. Un campo con pastos verdes, frescos y delicados, y aguas tranquilas que reflejaban una luz que no venía del sol. El aire era puro, y el perfume de la pradera era único, agradable, limpio y suave, pero poderoso.

Pero antes de seguir, quiero hacer énfasis en esa fragancia que sigo percibiendo cada vez que vivo una experiencia espiritual intensa, huele como un campo recién cortado al amanecer, una mezcla viva de hierba húmeda, tierra fresca y brisa fría. Había algo de eucalipto, de hojas verdes, y una dulzura que recuerda el rocío cayendo sobre la tierra. Emana un suspiro fresco, envolvente, y delicado que llenaba los pulmones de calma y el alma de memoria.

Posterior a todo esto nos sentamos. Él a mi lado, como un amigo que ha esperado mucho tiempo este momento. Y entonces cantó.

Con voz suave, profunda y amorosa, comenzó a entonar una melodía. La canción hablaba de fidelidad. De un amor que nunca falla, que ha estado presente desde siempre. De un corazón que regresa, una y otra vez a los brazos que nunca lo han dejado de esperar.

Otra vez has sido fiel,
Como luna que no espera el anochecer,
Como sol que le da vida al amanecer,
Hoy mi corazón descansa en tu poder.

Él ha sido fiel,
Tú me cantas melodía al amanecer,
Hoy mi alma entera rindo junto a tus pies,
Son tu voz y tu sonrisa mi razón de ser.

Dios ha sido fiel,
Cada día me das vida junto a tus pies,
Eres agua con que sacio toda mi sed,
Con tu manantial de gracia embellecer.

Cada día he de ver
Que otra vez has sido fiel.[1]

Escucharlo fue como recordar algo que mi alma ya sabía. Como si esas palabras hubieran estado escritas desde siempre en mi interior, esperando este momento para ser cantadas.

Mientras estábamos allí sentados, con la melodía aún flotando en el aire, me invadió una certeza profunda de que este lugar no era solo un descanso, era un hogar. Un refugio más real que cualquier lugar conocido.

En ese silencio lleno de canto y fragancia, quise preguntarle *"¿por qué yo?"*, *"¿por qué ahora?"*. Pero no fue necesario. Su mirada lo decía todo: *"Siempre ha sido este el plan. Que vengas, que descanses y que escuches"*.

Sentí que todo lo que alguna vez me dolió comenzaba a sanar. No con explicaciones, sino con presencia. No con respuestas, sino con compañía.

Y fue allí, en ese campo que parecía eterno, que entendí algo más, que no vine a este lugar por méritos, que vine por amor. No me lo gané. Me fue regalado.

Al despertar, aún podía oler el aire de aquella pradera y oír la última nota de aquella melodía.

Con el paso del tiempo, entendí que aquel espacio

---

[1] Fragmento de la canción *Otra vez ha sido fiel*, Profe Escamilla (2024). Canción producto de este encuentro con Dios. Disponible en plataformas digitales de música como Spotify, Apple Music y YouTube.

sagrado no era solo un paisaje irreal, era una escena viva del *Salmo 23*. Ese paisaje de delicados pastos y aguas de reposo no era fantasía. Era el corazón de Dios mostrándome cómo cuida a quienes ama:

"En lugares de delicados pastos me hará descansar;
Junto a aguas de reposo me pastoreará..."

Tal vez tú también has sentido que hay un refugio así esperándote, un espacio donde ya no necesitas esforzarte para pertenecer. Un lugar donde la ternura no es excepción, sino ley. Donde no hay que esconder heridas para ser recibido. Donde todo en ti, incluso lo que duele, tiene permiso de existir y ser amado.

Por esta razón, hoy, al escribirte esta carta, Corazón, sé que ese sueño no era solo para mí. Era también para ti. Para recordarte que Dios no solo habla, también canta. Que Él te conoce, te escoge, y te guía más allá de muros, temores y dudas. Y que, en ese lugar secreto, Él sigue cantando sobre ti una canción de amor eterno.

Como dice en *Sofonías 3:17*:

"... callará de amor,
Se regocijará sobre ti con cánticos".

Te invito, Corazón, a buscar en las páginas de este libro, tu propio encuentro con aquél que te amó primero.

CAPÍTULO 1

Hola, Corazón...

Carta de un padre.

Hola, Corazón.

¿Cómo has estado? ¿Cómo te sientes hoy?

He decidido escribirte esta carta porque sé que, quizás ya te lo has preguntado —o en algún momento de la vida lo harás— sobre cosas muy importantes, profundas y trascendentales. Son temas de los que no siempre se habla de forma clara, pero que, a lo largo de la vida, influirán en ti de maneras inevitables, para bien o para mal. Esta influencia ocurre porque están formados por realidades complejas, difíciles de entender sin tiempo, estudio y experiencia. Y eso, Corazón, te vuelve vulnerable.

Por eso creo que es un privilegio —y también una responsabilidad— que un padre pueda hablar de estas cosas como un verdadero acto de amor.

¿Cuáles son estas cosas de las que te quiero hablar? Hay muchas, pero hoy quiero comenzar por la fe.

También te hablaré sobre la iglesia, las religiones, sus sistemas, credos, líderes y personas. Podrías pensar que todo eso es lo mismo, pero no lo es. Y comprender esa diferencia desde el principio te evitará muchas confusiones y desilusiones. Es importante que aprendas a distinguir sus límites y sus vínculos, sus aciertos y también sus errores. Pero, sobre todo, quiero ayudarte a mirar todo esto con una mirada sincera, profunda, objetiva y valiente.

Y es que hablar de todo esto —la fe, las religiones, la iglesia— es hablar, inevitablemente, de Dios. Porque Él está en todo, incluso cuando no lo ves.

Personalmente, yo creía que conocía a Dios y su amor. Pero fue cuando llegaste a mi vida que verdaderamente lo conocí, y entonces comprendí mejor a Dios. Me identifiqué al instante con esa imagen del Padre Celestial que nos protege bajo sus alas, como lo expresa tan poéticamente el *Salmo 91*. En ese momento, sentí un deseo profundo de cubrirte, de protegerte, de resguardarte. Así que decidí esconderte bajo las alas del Todopoderoso, a través de la oración.

Desde ese día, oro por ti. Algunas oraciones son largas, otras apenas un suspiro. En ellas presento tu corazón ante Dios, con el anhelo de que Él guíe tus pasos, sostenga tus decisiones y llene de paz tu interior.

Porque el corazón es ese lugar secreto donde nacen los sueños, las preguntas, las heridas, y también los encuentros más verdaderos con Dios.

Hoy, más que nunca, siento el deseo de acompañarte en esa tarea sagrada de cuidar tu corazón.

Por eso, antes de hablar de teología, de doctrina o de espiritualidad, quiero proponerte algo mucho más sencillo y necesario, un ejercicio práctico para organizar la mente, aclarar lo que creemos y comenzar desde dentro. Un ejercicio de organización interior. Un ejercicio de limpieza y claridad.

Consiste en poner en orden la mente. Así de simple. Y así de profundo.

Ordenar la mente significa identificar con honestidad qué crees, por qué lo crees, de dónde vienen esas ideas, qué propósito tienen, y a quién sirven. Porque todo lo que entra por la mente —ideas, discursos, experiencias, enseñanzas— va dejando huella en el corazón. Y si no sabes separar lo verdadero de lo falso, lo esencial de lo accesorio, puedes terminar confundiendo a Dios con los errores de quienes dicen hablar en su nombre.

Ese desorden, muchas veces, es la raíz de la decepción espiritual. Y por eso mismo, cuidar la mente es también cuidar el corazón.

Salomón, el sabio rey de Israel, escribió una frase que ha atravesado los siglos y que hoy aporta un certero punto de partida:

"Sobre toda cosa guardada, guarda tu corazón;
Porque de él mana la vida."
Proverbios 4:23

Esta frase no es solo poesía. Es un principio profundo.

En hebreo, la palabra *"corazón"* —*lev*—[2] no se refiere solo

---

[2] En hebreo bíblico, la palabra *lev* (לֵב) no solo se refiere al órgano físico, sino que abarca el centro de la vida interior: la mente, los pensamientos, las emociones, la voluntad y la conciencia moral. En la cultura hebrea antigua no existía una palabra específica para "mente"; todos esos aspectos estaban integrados en el concepto de *lev*. Véase: Brown-Driver-Briggs Hebrew and English Lexicon, entrada לֵב (*lev*); Theological Wordbook of the Old Testament, entrada לֵב.

al órgano vital que late en el pecho. Según la cultura del pueblo de Israel en los tiempos del autor, el corazón era algo mucho más profundo, era el centro de la vida interior. Allí vivían los pensamientos, las emociones, los deseos, los recuerdos, la voluntad. Era donde se tomaban las decisiones más importantes. No tenían una palabra para *"mente"* como la entendemos hoy. Para ellos, todo lo que eres —lo que piensas, lo que sientes, lo que sueñas— está guardado en el corazón.

Este concepto lo puedes entender mejor al reconocer la profunda conexión entre el cerebro y el corazón, una relación que permite que el cuerpo exprese físicamente lo que aflige a la mente. Si sientes intensa alegría, el corazón se acelera; si experimentas tristeza o desilusión, puedes sentir un nudo o un dolor en el pecho. Por eso, durante siglos, se creyó que la vida interior residía en el corazón, porque es allí donde más intensamente se siente.

Por eso Salomón insiste tanto: *"¡Guárdalo! Protégelo más que cualquier otra cosa"*.

Y no está exagerando. Él sabía que el corazón es como una fuente: si esa fuente se contamina, toda el agua que fluye de ella también lo estará. Si el corazón se llena de amargura, tristeza, orgullo o mentiras, entonces todo lo que hagas o digas se verá afectado. Pero si el corazón se llena de verdad, de fe, de esperanza, de amor, entonces la vida que fluya de allí será limpia, luminosa, y buena.

En la actualidad, la neurociencia ha confirmado lo que por siglos se ha intuido, de que el corazón y la mente están profundamente ligados al cerebro, ese órgano que alberga nuestras emociones, decisiones y pensamientos. Esta comprensión no elimina la importancia del corazón, pues, aunque razonamos con la cabeza, sentimos con todo el cuerpo[3]. La sabiduría bíblica lo entendió de forma simbólica y certera, de que el corazón sigue siendo el centro de lo que eres y de cómo sientes.

Otra confirmación nos la da el lenguaje cotidiano, las personas siguen diciendo que *"le rompieron el corazón"*, que *"hay que ponerle corazón"* a lo que hacemos, o que alguien *"nos habló con el corazón en la mano"*. Estas expresiones no son casuales. Desde nuestro lenguaje y nuestra mente sabemos que el corazón es ese espacio donde lo espiritual y lo emocional se abrazan. Es allí donde se integra tu yo más auténtico, el lugar más íntimo y vulnerable del ser.

Guardar el corazón no es levantar muros ni endurecerse por miedo. No significa reprimir lo que sientes, ni desconfiar de todo lo que viene del exterior. No se trata de cerrarlo al mundo, sino de cuidarlo con sabiduría y ternura. Es aprender a escuchar lo que en él se gesta, y ponerle filtros, no cadenas. Guardar el corazón es abrirlo a lo bueno y resguardarlo de lo que lo hiere, sin apagar su capacidad de sentir ni su deseo de amar.

Y eso implica aprender a vigilar. Por un lado, requiere vigilar lo que dejas entrar, como las ideas, los pensamientos y las voces del mundo. Por otro lado, requiere vigilar lo que dejas salir, como tus palabras, tus decisiones y tus reacciones. Porque de ese interior brota tu vida. Y si hay algo que deseo con todo mi ser, es que tu vida sea hermosa, libre, profunda, feliz y verdadera.

Guardar el corazón no es limitarlo, es cultivarlo con sabiduría. Es aprender a escucharlo con honestidad,

---

[3] *Somatizar* es el proceso mediante el cual una emoción o conflicto psíquico se manifiesta físicamente en el cuerpo. Según el Diccionario de la Real Academia Española, somatizar significa "manifestar en el cuerpo una afección psíquica". La medicina y la psicología reconocen que el cuerpo puede expresar lo que la mente no logra elaborar verbalmente.

corregirlo con humildad, sanarlo con ternura y alimentarlo con lo que viene de Dios. Así, ese corazón cuidado se convierte en fuente de vida verdadera.

A veces ese orden interior comienza por hacerte preguntas sencillas, preguntas que actúan como llaves para abrir puertas internas que quizás no sabías que estaban ahí.: *"¿Esto que escucho me lleva a amar más a Dios y a las personas, o me llena de temor y juicio?"* o *"¿Esta enseñanza me libera o me encierra?"* Preguntas así te ayudan a filtrar lo que te edifica de lo que solo te carga.

Guardar el corazón es también aprender a discernir con lucidez, a observar, a filtrar y a distinguir lo que nutre el alma de lo que solo repite lo aprendido sin fundamento.

Salomón lo confirma cuando en los versículos siguientes de ese mismo capítulo, dio pistas muy claras sobre cómo hacerlo. Dijo:

> *"Aparta de ti la perversidad de la boca...*
> *Miren tus ojos lo recto...*
> *Examina la senda de tus pies..."*
> *(Proverbios 4:24-26).*

Es decir, guardar el corazón no es una tarea mística y etérea, sino que se hace en lo concreto, en las experiencias de la vida diaria. Se guarda el corazón cuidando lo que dices, lo que miras, por dónde caminas. Porque todo eso termina afectando lo que sientes, lo que crees y lo que eres.

Entiende algo, Corazón, que tus ojos son puertas, tus palabras siembran y tus pies te llevan a lugares que también te moldean por dentro. Por eso, cuidar el corazón también es cuidar los hábitos. Es prestar atención a lo cotidiano. Es preguntarse: *"¿esto que miro, que escucho, que digo, me acerca o me aleja de la verdad, de la paz, de Dios?"* Significa proteger ese lugar sagrado donde dialogan la razón y el espíritu, la mente y la fe. Significa no aceptar cualquier mensaje solo porque viene *"en nombre de Dios"*, sino pasar todo por el filtro del amor, la verdad y la conciencia.

Otro aspecto importante es que, en el mundo encontrarás a quienes usan el nombre de Dios no para servir, sino para levantar imperios, imponer miedos o controlar corazones. Lo hacen desde púlpitos o plataformas, detrás de discursos que suenan santos pero que buscan obediencia ciega. A veces, incluso sin darse cuenta, manipulan con miedo en lugar de acompañar con amor. Por eso, pensar con claridad y sentir con verdad es una forma de libertad espiritual, una forma de devolverle a la fe su sentido más puro y humano.

Piensa que el corazón es como un manantial. Su caudal refleja lo que sucede en lo más íntimo del ser. Si lo cuidas, brotará vida clara y abundante para ti y para quienes te rodean. Si lo descuidas, se estanca. Si lo llenas de piedras ajenas —miedos, rencores, mentiras—, deja de fluir. Por eso, cuídalo como quien riega un jardín interior, con paciencia, ternura y propósito. Cultivar este jardín requiere constancia, amor propio y discernimiento, porque lo que allí florezca tocará todo lo que eres y todo lo que das.

Por eso esta carta comienza aquí, con el corazón y con la mente. Porque si aprendes a cuidar tu corazón, todo lo demás —la fe, la iglesia y las personas— lo verás desde un lugar sano, maduro, profundo y libre. Y lo vivirás con verdad.

Sin claridad mental, el corazón se confunde. Sin salud emocional, el pensamiento se distorsiona. Y sin ambas cosas, la fe puede volverse una carga o una trampa.

Ese es el comienzo de una fe verdadera. Una fe vivida con inteligencia y con ternura. Una fe que no se apaga con las dudas ni se rompe con las decepciones. Una fe que nace del corazón de Dios a tu corazón.

Por eso te escribo esta carta, una que espero poco a poco se convierta en una conversación. No para imponerte respuestas, sino para acompañarte en tus preguntas. No para decirte cómo debes creer, sino para mostrarte, como ejemplo, lo que he vivido, lo que he comprendido y lo que aún sigo descubriendo. Y que, a partir de ello —junto con tus vivencias—, puedas construir tus propias convicciones.

Sé que tienes preguntas. Las escucho en tus silencios, en tus miradas largas al cielo, en esas frases que se te escapan cuando crees que no te escucho: "*¿Dios está ahí de verdad?*", "*¿Por qué todas las iglesias dicen ser perfectas?*", "*¿Y por qué algunas personas religiosas se portan tan mal?*".

Tus preguntas no me asustan. Al contrario, me alegran. Porque quien pregunta está vivo por dentro. Porque quien duda es alguien que se atreve a pensar y a sentir. Y eso, Corazón, es la puerta hacia la fe verdadera.

Quiero que entiendas que a veces el mundo religioso puede parecer confuso. Unos dicen una cosa, otros aseguran lo contrario. Algunos gritan, otros condenan, otros simplemente se alejan. Pero en medio de ese ruido, quiero que aprendas a buscar la voz que de verdad importa, la voz de Dios en tu corazón.

No la voz del miedo, ni la de la culpa, ni la de la presión. Sino esa voz suave y firme que te llama por tu nombre, que te conoce como nadie, que te ama sin condiciones. Esa voz no está atada a una denominación, ni a una costumbre, ni siquiera a un templo. Esa voz está viva, y quiere hablar directamente contigo todos los días.

Corazón, espero que este viaje que emprendemos juntos en estas páginas te permita descubrir que puedes caminar con preguntas sin perderte, que puedes creer sin dejar de pensar, que puedes dudar sin dejar de amar a Dios, que puedes amar a Dios sin caer en la trampa de los extremos.

Quiero que sepas que no estás enfrentando esto por tu cuenta. Que Dios no es una idea lejana ni una fuerza sin rostro. Sino que es alguien vivo, y más aún, es alguien cercano. Es un Padre que te espera, un Amigo que te escucha, un Creador que conoce cada rincón de tu corazón y quiere encontrarse contigo justo ahí, donde estás ahora.

Antes de cerrar, quiero invitarte a orar conmigo:

Señor, acompáñanos en esta conversación.
Sé tú quien nos guíe en este camino hacia una fe sana.
Que tu Palabra sea lámpara a nuestros pies
Y lumbrera a nuestro camino, como dice el Salmo 119.
Que cada página sea un espacio donde podamos encontrarnos contigo,
Que podamos aprender a escucharte,
Y descubrir tu corazón con libertad y amor.
Amén.

Por eso, comencemos.
Este es nuestro tiempo para hablar.
Tú y yo.
Y, poco a poco,
Dios y tú.

Con todo mi amor,
Papá.

CAPÍTULO 2

El corazón inquieto

La búsqueda de Dios

Querido, Corazón.

Hace unos años, solías hacer preguntas que me desarmaban con ternura: *"¿Dónde vive Dios?", "¿Dios duerme?", "¿Dios come?", "¿Dios tiene padres?", "¿Cómo es Dios?".* A veces respondía con lo que conocía de la Biblia o compartía mi experiencia personal con Él; otras, simplemente reía con ternura, y a veces solo te abrazaba y decía: *"Eso también me lo he preguntado yo".*

Lo cierto es que esas preguntas no nacen sólo de una mente curiosa, sino de un corazón inquieto. Y eso es interesante. Porque hay una inquietud que no estorba, sino que impulsa, es la inquietud de quien busca algo más profundo, que no cabe en los esquemas, que no se puede medir ni explicar del todo. Es la inquietud del alma, del *lev.*

Sabes, en distintas etapas de la vida, las personas se enfrentan a vacíos que no saben cómo llenar. Incluso aquellas que han crecido oyendo hablar de Dios pueden sentir, en algún momento, que todo lo escuchado no logra calmar sus preguntas más profundas. A veces, lo que se transmite sobre Dios está envuelto en miedos, reglas, códigos o estructuras que no despiertan amor, sino distancia. Pero esto no apaga el deseo, solo lo desvía. Porque, aunque uno trate de silenciar el alma, hay preguntas que siguen latiendo: *"¿Para qué vine al mundo?"*, *"¿Qué es lo que realmente importa?"*, *"¿Hay alguien que me vea de verdad, que me escuche, que me entienda, incluso cuando no tengo palabras?"*, *"¿Hay algo, o alguien, que pueda llenar este vacío que a veces siento, aunque todo parezca estar bien?"*.

A lo largo del tiempo y del caminar espiritual, se ha comprobado que ese *"Alguien"* no es una idea ni una institución. Es una *"Presencia"*. Una real que no siempre se explica, pero que se percibe. Que no siempre responde como esperamos, pero que, con el tiempo, aprendemos que responde de maneras muy sabias, profundas o inesperadas. Y aunque no entendamos de inmediato, nunca abandona. Que no siempre habla, pero que escucha con paciencia.

Esa Presencia tiene nombre. Su nombre es Dios.

En esa búsqueda —a veces confusa, a veces clara— se descubre que existe un lenguaje espiritual que solo puede hablarse desde el interior. Una comunicación silenciosa y verdadera que no depende de fórmulas ni rituales, sino de un encuentro sincero.

Así como el profeta Elías decía:

"Vive el Señor,
En cuya presencia estoy"
(1 Reyes 17:1).

Entiende esto, Corazón, de que también puedes aprender a vivir con esa misma conciencia de estar permanentemente ante la presencia de Dios. No solo en tus tiempos de oración o en los momentos en la congregación, sino mientras trabajas, caminas, cocinas o descansas. Su presencia no se limita a lo sagrado, si no que llena lo cotidiano y conecta con lo más profundo de tu ser. Aprender este principio, transforma cada instante te tu vida en un acto de comunión, el primer paso para avivar el corazón.

Es entonces en ese espacio profundo que nace la fe auténtica. No la que se hereda por tradición, ni la que se adopta por presión, sino la que brota como respuesta a un amor real que te antecede. Porque Dios no comienza a amarte cuando crees en Él, sino que te ama desde siempre, y es ese amor el que te llama primero.

"Porque de tal manera amó Dios al mundo,
Que ha dado a su Hijo unigénito,
Para que todo aquel que en Él cree,
No se pierda,
Mas tenga vida eterna"
(Juan 3:16).

Uno de los pensadores más influyentes en la historia del cristianismo lo expresó así: *"Nos hiciste, Señor, para ti, y nuestro corazón estará inquieto hasta que descanse en ti."*[4] Esa frase ha atravesado los siglos porque pone en palabras lo que tantos han experimentado, un anhelo interior que nada en este mundo puede llenar por completo, solo Dios.

Como si confirmara esta intuición, el sabio Salomón escribió:

Dios *"...puso eternidad en el corazón del ser humano..."*
(Eclesiastés 3:11),

---

[4] San Agustín, *Confesiones*, Libro I, 1.

Y el salmista David lo cantaba con poesía viva:

"Mi alma tiene sed de Dios, del Dios vivo"
(Salmo 42:2).

Ese deseo, esa sed, esa inquietud —más antigua que tú y yo— es una señal de que fuiste hecho para el encuentro con lo eterno.

En el capítulo anterior hablamos del *lev* —el corazón— como más que un órgano emocional. Recuerda Corazón que, en la cosmovisión hebrea, representaba el núcleo de la vida humana, el centro donde se entrelazan pensamiento, voluntad, deseo, memoria, discernimiento y fe. No es solo lo que sientes, sino lo que eres. Y es desde ese centro profundo que surge, una y otra vez, la pregunta que ha inquietado a millones de corazones a través de la historia: *"¿Dios existe?"* Y más aún: *"¿por qué lo buscamos, incluso sin tener pruebas científicas de su existencia?"*.

Esta búsqueda no es nueva ni marginal. Toda cultura, en cada rincón del planeta, ha producido mitos, oraciones, dioses y altares. Incluso aquellos que se declaran no religiosos a menudo siguen afirmando que hay *"algo más"*, que la vida no puede ser solo materia. Esta universalidad de la búsqueda de lo trascendente —de Dios— ha llevado a filósofos, psicólogos, neurocientíficos y antropólogos a mirar hacia el corazón del ser humano con una pregunta no teológica sino científica: *"¿Por qué buscamos a Dios?"*.

Predisposición al Invisible: la arquitectura del corazón

Desde el campo de la psicología cognitiva, varios estudios confirman que el ser humano está predispuesto a creer en realidades invisibles. No por debilidad o ignorancia, sino por estructura. Eso implica corazón, de que nuestra mente busca patrones, atribuye intención incluso a lo inanimado, y se siente atraída por lo que trasciende la muerte. El corazón del ser humano parece estar configurado para reconocer lo invisible como parte legítima de la realidad[5].

La psicología te lo explica aquí desde el fenómeno llamado *"Detección Hiperactiva de Agencia"* (HADD), una tendencia natural del cerebro a percibir agentes detrás de los eventos. Es decir, ante el ruido en la noche o una coincidencia inesperada, no pensamos primero en el azar, pensamos que *"alguien"* está detrás[6]. Este mecanismo, que alguna vez pudo proteger a nuestros antepasados de depredadores, hoy también explica por qué somos capaces de percibir, sin pruebas científicas, la posibilidad de un ser divino.

Pero esto va más allá de la mera supervivencia, Corazón. La conciencia espiritual parece estar entrelazada con la manera en que interpretas el mundo. Algunos neurocientíficos como Lisa Miller en la Universidad de Oxford, han sugerido que, así como el lenguaje o la música tienen redes neuronales dedicadas a su procesamiento, también existe una red para la espiritualidad[7], una

---

[5] Barrett, J. L. (2004). *Why Would Anyone Believe in God?* AltaMira Press. El autor argumenta que la mente humana está estructurada para producir creencias religiosas mediante mecanismos cognitivos comunes.

[6] Ibíd. Véase también Boyer, P. (2001). *Religion Explained: The Evolutionary Origins of Religious Thought.* Basic Books.

[7] Estudios recientes indican que regiones como la corteza parietal, el lóbulo temporal y la ínsula se activan con frecuencia durante experiencias espirituales, lo que sugiere la existencia de una "red neuronal de la espiritualidad". Véase Lisa Miller, The

configuración cerebral que facilita la percepción de trascendencia, agencia divina o comunión con algo mayor.

Otro hallazgo relevante que debes tener en cuenta proviene del campo de la psicología del desarrollo. La capacidad humana de imaginar la mente de otro —lo que se conoce como *"teoría de la mente"*— parece estar profundamente implicada en la experiencia religiosa[8]. Esta habilidad, que te permite pensar que otros tienen pensamientos, emociones e intenciones, es la que hace posible que atribuyas a Dios no solo existencia, sino conciencia, voluntad y cercanía. Gracias a esta facultad, Corazón, no solo te preguntas si Dios existe, sino también si te escucha, te ve y te acompaña. Así, la búsqueda espiritual no es solo racional o emocional, sino también relacional, parte de la intuición interior de que hay *"Alguien"* allí, y de que ese *"Alguien"* te conoce profundamente.

También debes saber que cuando oramos o meditamos intensamente, como lo han demostrado imágenes cerebrales de alta resolución, el *"corazón-mente"* entra en estados neurológicos únicos activando los centros de recompensa y confianza, desactivando las áreas del ego y de orientación espacial, y la persona siente una unidad con algo mayor[9]. Es como si el *lev*, tu centro invisible, se

---

Spiritual Child: The New Science on Parenting for Health and Lifelong Thriving (New York: St. Martin's Press, 2015), especialmente capítulo 3, y también Brick Johnstone et al., "Cognitive Neuroscience of Religion and Spirituality," en *Handbook of Religion and Health*, 3ª ed. (Oxford University Press, 2012).

[8] Justin L. Barrett, Cognitive Science, Religion, and Theology: From Human Minds to Divine Minds (West Conshohocken: Templeton Press, 2011), capítulos 2 y 5.

[9] Newberg, A., D'Aquili, E. (2001). *Why God Won't Go Away: Brain Science and the Biology of Belief.* Ballantine Books.

conectara con otro *"Centro"* aún más profundo.

Otro aspecto que debes aprender es que, durante experiencias espirituales significativas, se activa la liberación de dopamina[10] —el neurotransmisor asociado al placer, la motivación y el aprendizaje—, lo cual refuerza la sensación de propósito y conexión. Esto hace que el encuentro con Dios no solo sea verdadero, sino también profundamente gratificante a nivel emocional y corporal.

Todo lo anterior, Corazón, no significa que la espiritualidad sea una ilusión bioquímica o una simple función cerebral. Más bien, sugiere que fuiste creado con un diseño capaz de responder con gozo a lo sagrado. Esto nos enseña de que la espiritualidad no es una invención cultural, sino una respuesta orgánica a una dimensión real.

Así, desde esta perspectiva que te muestro hoy, orar, contemplar y rendirse no son actos supersticiosos, sino expresiones clave que activan una parte esencial de tu ser. Lo más interesante, Corazón, es que personas de diferentes culturas y credos experimentan respuestas similares al vivir momentos de conexión espiritual intensa, lo que refuerza la hipótesis de una predisposición universal hacia lo sagrado.

La Neuroteología lo estudia [11] y la Biblia te lo revela.

Resultados de estudios con SPECT.

[10] Andrew B. Newberg y Eugene D'Aquili, Why God Won't Go Away: Brain Science and the Biology of Belief (New York: Ballantine Books, 2001), capítulos 3 y 5.

[11] Neuroteología: disciplina que estudia cómo las funciones cerebrales se relacionan con las experiencias religiosas y espirituales. No busca reducir la fe a procesos neuronales, sino comprender cómo el ser humano percibe, vive y responde a ello desde su estructura biológica. Busca fomentar un diálogo respetuoso entre ciencia y espiritualidad. Fuente: Newberg, Andrew & Waldman, Mark Robert. *How God Changes Your*

Y es aquí, Corazón, donde la espiritualidad deja de ser un accesorio y se convierte en una dimensión constitutiva del ser. No es una capa añadida, o un dispositivo innecesario instalado por la religión, sino una semilla plantada por Dios en lo más íntimo, en nuestra biología, en tu corazón.

Es entonces en tus memorias tempranas, en tus intuiciones infantiles, en tus momentos de crisis y asombro, donde encontrarás señales de esta importante dimensión. Incluso la belleza de la vida y la naturaleza —un atardecer, una sinfonía, una obra de arte— puede actuar como umbral hacia lo invisible, despertando en ti una adoración inexplicable. Como si cada cosa bella llevara escrita una firma: *"Hecho por Dios"*.

Lo no visible como experiencia real

Nos queda claro Corazón, de que la vida espiritual comienza cuando reconocemos que existe algo más allá de lo visible, un orden no material que, aunque no puedas medirlo, da forma, dirección y sentido a tu existencia. Creer en Dios no es simplemente adoptar una doctrina, sino vivir como si ese orden invisible fuera la realidad más profunda que te envuelve.

Esta intuición que sé que has sentido, ha sido explorada también por la psicología. Se ha propuesto que las experiencias religiosas no se sitúan fuera de lo racional, sino dentro de la conciencia humana. Lejos de ser ilusorias, muchas de ellas brotan desde una zona profunda de la mente, una especie de *"espacio interior"* desde donde emergen tus convicciones más sólidas. William James, uno de los pioneros de la psicología moderna, lo llamó el *"yo*

Brain. Ballantine Books, 2009.

subliminal"[12], una región de la conciencia que escapa a lo inmediato, pero que sostiene tus percepciones más profundas y transformadoras.

Es allí Corazón, desde ese lugar, en donde te confirmo que el *lev* —el corazón inquieto— inicia su búsqueda. Las percepciones espirituales, aunque no se puedan comprobar como un dato empírico, tienen consecuencias tangibles en el ser humano, estas transforman a quienes afectan. Y es esa transformación —no la lógica fría— lo que convierte una creencia en experiencia viva. Las personas no cambian solo por ideas, cambian cuando algo las toca por dentro. No lo olvides.

Desde esta perspectiva complementaria que te presento, creer en lo invisible no es dejar de pensar, sino aprender a ver más allá de lo evidente. Lo invisible no es algo inventado, sino algo real que no se puede tocar; no es una evasión del mundo, sino una integración más profunda con su sentido. Así como no ves la gravedad, pero sientes su fuerza, lo espiritual también se hace notar; te orienta por dentro, te consuela en el dolor y te llama a vivir con sentido.

Y aunque no todas las experiencias religiosas son iguales, Corazón, hay algo que se repite con asombrosa familiaridad, el encuentro con una presencia que trasciende, que te llama, que te sostiene. No se manifiesta necesariamente en lo místico o extraordinario de un oficio religioso. Generalmente está en el susurro de una canción, en el silencio del dolor o en la belleza inesperada de lo cotidiano.

Recuerda que así le ocurrió al profeta Elías, cuando huyendo al desierto se escondió en una cueva, esperando encontrarse con Dios. Y entonces vino un viento fuerte, un

---

[12] William James, "The Varieties of Religious Experience" (1902), conferencias III y X.

terremoto y un fuego... pero el Señor no estaba en ninguno de ellos. Solo después, vino un silbo apacible y delicado. Y allí, en esa brisa suave, Dios se le reveló *(cf. 1 Reyes 19:11-13)*.

Sabes Corazón... Dios a menudo susurra. Y es en ese silencio lleno de presencia, donde comienza la fe viva. Basta con que te abras a esa dimensión más profunda que habita detrás de lo inmediato; una dimensión que, lejos de alejarte de la realidad, la ensancha, la ilumina y la redime. Tal vez, como nos sugiere James, el inicio de la fe no sea un salto ciego, sino una rendición lúcida a lo que el corazón ya sabe, pero aún no se atreve a nombrar.

El corazón como lugar de encuentro

Corazón, cuando la Biblia habla del corazón inquieto, no se refiere a un sentimiento pasajero ni a una emoción superficial, sino a una disposición interna, firme y duradera. El salmista lo expresa con una imagen que atraviesa el alma:

> *"Mi alma tiene sed de Dios,*
> *Del Dios vivo"*
> *(Salmo 42:2).*

Esa sed de la que habla el rey David no es un capricho del momento ni una construcción cultural influida por la religión. Es una necesidad, una señal profunda, casi biológica, que apunta a una carencia fundamental, la ausencia del encuentro con lo eterno. Incluso aquellos que nunca escucharon hablar de Dios, o que se consideran alejados de toda religión, a menudo reconocen dentro de sí ese deseo de plenitud, esa nostalgia por algo que no saben nombrar, pero sienten como esencial.

En línea con esto, podríamos decir que el corazón tiene

memoria de su origen, y que su búsqueda espiritual es, en el fondo, un intento de regresar a casa. Un ejemplo vívido de esta inquietud se encuentra en la historia del joven rico, narrada en los evangelios *(Mateo 19:16-22)*. Este joven, a pesar de cumplir con los mandamientos y tener muchas posesiones, se acercó a Jesús con una pregunta que revela el eco profundo de su alma: *"¿Qué bien haré para tener la vida eterna?"*. Su vida no parecía carecer de nada, y, sin embargo, sentía que algo faltaba y pensaba que podía hacer algo para corregirlo. Jesús le respondió con una invitación a soltarlo todo y seguirlo. Pero el joven se fue triste. ¿Por qué? Porque su corazón estaba inquieto, pero aún no estaba dispuesto a rendirse por completo. Este relato bíblico nos da un ejemplo de lo que ocurre cuando la sed del alma se encuentra con la fuente de vida, pero aún no está dispuesta a soltar lo que impide abrazarla por completo.

Esa inquietud que hemos estudiado se manifiesta de muchas formas, en la insatisfacción crónica, en la ansiedad existencial y en el hambre de propósito. Es como un murmullo constante del alma que recuerda que hay algo más. Y mientras el corazón no responda a ese llamado, ese eco no se apagará. Cada intento de llenar ese vacío con cosas pasajeras, relaciones, logros, vicios o distracciones, termina revelando que lo que realmente anhelamos es un *"Encuentro"*. No con una idea o filosofía, sino con una *"Presencia"* que dé sentido a todo lo demás.

La ciencia como testigo del yo subliminal

Hoy, gracias al desarrollo de la neurociencia, Corazón, sabemos que esa orientación del alma tiene correlatos fisiológicos. Las áreas del cerebro vinculadas a la espiritualidad, como el lóbulo parietal inferior o el sistema límbico, se activan en experiencias de oración, adoración y meditación, demostrando que estas prácticas reducen el estrés, incrementan la compasión y fortalecen la percepción de sentido en el ser humano. Creer es sólo el comienzo, y como consecuencia, tu cuerpo entero responde al impulso de buscar y encontrar a Dios.

Déjame profundizar con un nuevo ejemplo. Se ha observado, que personas de distintas culturas, religiones e incluso niveles de formación coinciden en describir experiencias muy parecidas cuando oran, meditan o se entregan profundamente a la adoración. Hablan de una paz que no pueden explicar, de una sensación de estar *"dentro de algo más grande"*, de perder el miedo, de sentirse sostenidos por una presencia invisible[13]. Aunque las palabras varían, hay un hilo común, y es que, en lo más profundo del ser, algo se alinea. Es como si, al detenerte y mirar hacia dentro, tu alma recordara su génesis. Y en ese recuerdo, tu cuerpo mismo responde, respira distinto, suelta tensiones y reposa. No hace falta entenderlo todo, Corazón; basta con reconocer que ese yo subliminal existe, es el espíritu que fue soplado sobre el hombre en la creación *(Génesis 2:7)*, y que en él ocurre todo lo verdadero.

Antes de avanzar es importante resaltar que la palabra enseña que Dios no solo formó al hombre del polvo, sino que sopló en él su propio aliento, un aliento que las Escrituras también llaman *"espíritu" (Job 33:4, Salmo 104:30)*[14], porque proviene directamente de Él y lo conecta

---

[13] Véase: Andrew Newberg y Mark Robert Waldman, How God Changes Your Brain (New York: Ballantine Books, 2009), capítulo 2; y David B. Yaden et al., "The Varieties of Self-Transcendent Experience," *Review of General Psychology*, Vol. 21(2), 2017.

[14] En *Job 33:4*, el personaje Eliú declara: "El espíritu de Dios me hizo, y el soplo del Omnipotente me dio vida", asociando directamente el espíritu de Dios (*rúaj Elohim*) con la acción de creación y el aliento divino con la impartición de vida. Esta

con la vida verdadera.

Un hallazgo que confirma todo esto, lo traigo a consideración desde la psicología del desarrollo, donde se observa que los niños —antes de ser condicionados por doctrinas— tienen una inclinación natural hacia la trascendencia. Preguntan por el cielo, hablan con Dios, muestran sensibilidad espiritual que luego suele atrofiarse por la rigidez de los adultos[15]. Esta disposición innata apunta a que tu corazón nace con una brújula interior que, si no se desactiva, tiende hacia lo divino.

Así, lo que conoces como corazón no es solo un símbolo poético, sino un espacio real de resonancia espiritual. Es allí donde lo humano y lo divino pueden encontrarse sin intermediarios. Es el templo interior donde, incluso en silencio, puedes experimentar la *"Presencia"*. Y es ese mismo corazón el que, cuando responde al llamado de Dios, no solo encuentra a su Creador, sino que se descubre verdaderamente a sí mismo.

La inquietud que nos guía

Así que entiende algo Corazón, no todas las personas

---

afirmación refuerza la visión veterotestamentaria de que la vida humana es sostenida por una energía espiritual que proviene de Dios mismo. En *Salmo 104:30*, se dice de manera paralela: "Envías tu espíritu, son creados; y renuevas la faz de la tierra", atribuyendo al Espíritu de Dios no solo el acto de creación inicial, sino la renovación continua de la vida. Ambas expresiones profundizan la enseñanza de *Génesis 2:7*, donde Dios sopla aliento de vida en el ser humano, mostrando que ese aliento es más que aire: es espíritu, vida activa que viene del Creador.

[15] Véase Lisa Miller, The Spiritual Child: The New Science on Parenting for Health and Lifelong Thriving (New York: St. Martin's Press, 2015), especialmente capítulos 1 y 4.

llegan a la fe. No todas aceptan la existencia de Dios. Pero lo que la ciencia confirma hoy —y la experiencia religiosa lleva siglos afirmando— es que la búsqueda de Dios no es una anomalía, sino una expresión legítima del *lev*, ese centro espiritual, emocional y racional del ser humano. Una inquietud que no siempre encuentra respuestas, pero que nunca deja de empujar.

Queda claro entonces, de que tu corazón está inquieto por naturaleza. Y esa inquietud es la primera prueba de que fuiste hecho para algo más que esta vida.

Está escrito:

"Me buscaréis y me hallaréis,
Porque me buscaréis de todo vuestro corazón"
(Jeremías 29:13).

Esa promesa no es poética solamente, es un principio espiritual confirmado una y otra vez. Aquel que busca con sinceridad, encuentra. Y quien se abre a la búsqueda de Dios, terminará por hallarse a sí mismo a la luz de su Creador.

Por eso, no temas a tu inquietud. Esa sed interior no es señal de debilidad, sino de vida. Y como dijo Jesús:

"Bienaventurados los que tienen hambre
Y sed de justicia,
Porque ellos serán saciados"
(Mateo 5:6).

Ahora bien, piensa en esto:

¿Esa inquietud que sientes a veces... podría ser una invitación? ¿Ese silencio interior... podría estar esperando una respuesta tuya?

Una invitación abierta

Este puede ser un buen momento para comenzar a buscar. Tal vez podrías empezar con una oración como esta:

"Dios, no sé exactamente cómo encontrarte,
Pero estoy dispuesto a intentarlo.
Si estás ahí, muéstramelo en lo profundo de mi corazón.
Amén."

No se requieren fórmulas, ni mapas. Solo apertura, honestidad y disposición. La voz de Dios no se impone, si no que susurra. Y quienes aprenden a reconocerla, descubren que nunca han estado solos.

No estás solo en esta búsqueda. Quizás, sin saberlo, ya has comenzado a caminar. Y si escuchas con atención, tal vez confirmes que el que realmente te busca... es Dios.

Corazón, acompáñame en el próximo capítulo a conocer a alguien muy importante...

CAPÍTULO 3

¿Cómo es Dios?

"Jesús, el rostro del Padre revelado"

Corazón,

Esta puede ser una de las preguntas más grandes y hermosas que alguien puede hacerse: *"¿Cómo es Dios realmente?"* A lo largo de la historia, muchas voces han intentado responderla. Pensadores y profetas, místicos y científicos, creyentes y escépticos, todos han emprendido esta hazaña. Cada uno ha buscado dar forma a ese *"Misterio"* que, aun cuando se intuye, siempre te desborda.

Pero más allá de las explicaciones, hay algo que no se puede sofocar; el anhelo antiguo, tierno y persistente en el corazón humano de conocer al invisible. Un anhelo de cercanía, de sentido y de comunión con el creador. Una sed de Dios que —como vimos en el capítulo anterior— no se sacia con ideas, sino con encuentro.

Es importante reconocer que algunos imaginan a Dios como un juez impasible que pesa nuestras obras, otros como una energía difusa que fluye sin rostro, otros como una figura lejana que guarda silencio. Pero hay una certeza que se abre paso con suavidad y firmeza entre las páginas del Evangelio, y esta es, que si quieres saber cómo es Dios, debes mirar a Jesús.

Él mismo lo dijo:

"El que me ha visto a mí,
Ha visto al Padre"
(Juan 14:9).

Este versículo no es una afirmación cualquiera. Jesús es una puerta que se abre, es una luz que revela al invisible. Es la promesa de que Dios no se ha ocultado en lo alto, sino que ha bajado a la tierra para que puedas conocerle en carne viva.

Corazón, Jesús no vino solo a hablarte de Dios, sino a acercarte a su corazón. Y lo hizo con palabras, sí, pero también con abrazos, silencios, heridas y pan compartido. Él habló de Dios como un *"Padre"*. No uno ausente, iracundo o indiferente. Sino uno perfecto, cercano, generoso, firme y lleno de ternura. Un *"Padre"* que corre hacia el hijo perdido que vuelve a casa sin exigencias ni condiciones, como en la parábola que desarma tus miedos, la parábola del hijo pródigo *(Lucas 15)*[16].

Y, tocado por esa misma experiencia, el apóstol Pablo escribió:

"Pues no habéis recibido el espíritu de esclavitud
Para estar otra vez en temor,
Sino que habéis recibido el espíritu de adopción,

[16] La parábola del hijo pródigo es uno de los retratos más profundos de la biblia. En ella, el padre no espera explicaciones: corre, abraza y restaura. Es Dios saliendo al encuentro, antes que el hijo termine su camino.

Por el cual clamamos:
¡Abba, Padre!"
(Romanos 8:15).

Esa hermosa palabra, *"Abba"*[17]. No es un título solemne. Es la voz del niño que se lanza al regazo seguro. Es *"Papá"* y mejor aún *"Papi"*. Así te enseña Jesús a dirigirte a Dios, con la confianza de los hijos amados, no con el temblor de los condenados.

Y como si eso no bastara, Jesús desarma tus fronteras religiosas cuando dice que el lugar de encuentro con Dios no es un monte ni un templo, sino el corazón sincero:

"La hora viene, y ahora es,
Cuando los verdaderos adoradores
Adorarán al Padre
En espíritu y en verdad;
Porque también el Padre
Tales adoradores busca que le adoren.
Dios es espíritu;
Y los que le adoran,
En espíritu y en verdad
Es necesario que adoren"
(Juan 4:23-24).

Eso quiere decir, Corazón, que no tienes que subir al cielo ni sumergirte en rituales complejos para encontrar a Dios. Basta con detenerte, respirar, y abrir el alma en lo cotidiano. Porque más que en los lugares, Dios se

---

[17] *"Abba"* es una palabra aramea utilizada por los niños para dirigirse a su padre. Más que *"padre"*, expresa cercanía íntima: es equivalente a *"papá"* o *"papi"*. Jesús la usó para enseñar que podemos acudir a Dios con ternura y confianza filial.

manifiesta en los encuentros.

Y lo sé, porque he estado ahí. En la fragilidad. En la oración sin palabras. En el clamor mudo que solo dice *"Ayúdame"*. Y en ese lugar, sin que nada cambie por fuera, algo se acomoda por dentro. Una paz silenciosa te sostiene. Ese es Dios. Manifestado no como teoría, ni como mérito. Solo como *"Presencia"*.

Antes de seguir, te pongo en sobre aviso, de que lo que viene a continuación es un viaje más profundo hacia ese rostro que brilla en Jesús. Vamos a mirar sus gestos, sus palabras, sus heridas. Vamos a descubrir no solo lo que dice, sino lo que revela con su forma de estar en el mundo. Porque en Él, Dios no solo se explica, se entrega en amor. No un amor genérico, sino un amor personal, concreto y fiel. Un amor que no se gana, sino que se recibe. Como dijo el apóstol Juan:

> *"Nosotros le amamos a él,*
> *Porque él nos amó primero"*
> *(1 Juan 4:19).*

El rostro de Dios se ve en Jesús

Sabes Corazón, según los evangelios, Jesús no vino simplemente a hablarte de Dios como quien enseña una doctrina o transmite ideas. Él vino a revelártelo con la totalidad de su ser. No solo con sus palabras, sino con sus gestos, su mirada, sus silencios y su compasión. Jesús no trajo un mensaje sobre Dios, Él es el mensaje encarnado. Es el Hijo único, el que está en el seno del Padre y lo ha dado a conocer *(Juan 1:18)*[18], no desde una distancia teórica, sino

---

[18] En el original griego, el verbo "ἐξηγήσατο" (exēgésato) significa *"dar a conocer profundamente"* o *"hacer visible lo*

desde la intimidad más profunda.

Desde esta perspectiva, mirar a Jesús es como mirar el corazón de Dios latiendo en medio del polvo del camino, entre risas de niños, lágrimas de viudas, mesas compartidas con pecadores y noches en oración bajo las estrellas. Lo que sabes de Dios no lo sabes por ideas elevadas, sino por su forma de tocar al enfermo, de escuchar al herido, de detenerse con el que otros apuraban. En cada palabra de ternura, en cada gesto de perdón, en cada milagro de compasión, Dios mismo se deja ver.

Para profundizar es ello, te cito al teólogo José M. Moraga quien lo resume así: *"El conocimiento del misterio de Dios es directamente proporcional al conocimiento del misterio de Jesucristo"*[19]. Y ese conocimiento no se adquiere solo con estudio, sino con una mirada contemplativa, como quien aprende el amor no por definiciones, sino por abrazos vividos personalmente.

Este principio sustenta la convicción de que conocer a Dios no es tarea de eruditos, sino de los que se atreven a mirar a Cristo con el corazón dispuesto, porque es solo Jesús quien hace visible lo invisible, pone rostro a lo eterno, y le da voz al silencio divino. En Él, Dios se deja ver, oír y tocar. En Jesús, el carácter invisible de Dios se vuelve carne que camina entre nosotros *(cf. Hebreos 1:3)*[20], y esa carne revela y transforma.

Dios es amor, y Jesús lo encarna

Tenemos ahora esta convicción, Corazón, de que Jesús

---

oculto". Jesús no solo habla de Dios: lo revela desde dentro.

[19] J. M. Moraga Esquivel, *El misterio del Dios de Jesucristo*, Veritas, vol. XIV, nº 1 (2006), p. 161.

[20] Hebreos 1:3 habla de Jesús como "el resplandor de su gloria y la imagen misma de su sustancia".

no sólo hablaba del amor de Dios, lo encarnaba con cada fibra de su ser. Tocaba al leproso sin temor ni asco, desafiando la exclusión impuesta por la religión y el miedo. Perdonaba a la adúltera sin justificar el pecado, pero también sin condenarla, liberándola del peso de la vergüenza. Se sentaba a la mesa con los que eran despreciados, no como gesto diplomático, sino como declaración profética de que nadie queda fuera del alcance de su gracia.

También entendemos esta realidad, de que sus acciones no eran meras parábolas visuales, eran la encarnación del *"Reino"* que se abre paso en la ternura. Cuando sanaba o perdonaba, era Dios mismo abrazando la fragilidad humana, acariciando las llagas que otros evitaban, devolviendo dignidad donde antes había rechazo.

Este amor, Corazón, no fue ingenuo ni condescendiente. No fue el de quien ama desde un pedestal, sino el de quien se arrodilla junto al polvo del alma ajena. Fue un amor que descendió a los rincones más oscuros para alumbrarlos desde adentro. Un amor que no solo acompaña el dolor, sino que lo carga, lo redime y lo transforma.

Es entonces la cruz, la expresión más profunda y radical de ese amor. Allí Jesús no fue víctima de una tragedia ni mártir de una causa, allí Él fue una ofrenda voluntaria.

"Nadie me quita la vida",

dijo,

"Yo la doy por mi propia voluntad"
(Juan 10:18).

En esa cruz, Dios no lanzó rayos desde el cielo, sino que extendió los brazos para cargar con lo que destroza el corazón, entrar en la herida más profunda del mundo, el abandono, la injusticia, la violencia y el pecado. Y desde ahí, amó, hasta entregarse.

Este amor crucificado, Corazón, no es sentimentalismo, es verdad encarnada, es gracia que escandaliza porque no se ajusta a los méritos humanos, es justicia cumplida no por venganza, sino por amor. Dios no le dio al ser humano lo que merecía —castigo—, sino lo que no merecía —perdón, dignidad, reconciliación—. Como lo dice la Escritura:

> *"Mas Dios muestra su amor para con nosotros,*
> *En que siendo aún pecadores,*
> *Cristo murió por nosotros"*
> *(Romanos 5:8).*

Así, en la cruz, el juicio y la ternura se encontraron sin oponerse. El dolor y la esperanza se dieron la mano. Allí, Dios no solo salva... se revela. Se revela como el Justo y el que justifica *(cf. Romanos 3:26)*[21], como el que no ignora el pecado, pero tampoco se niega a perdonar.

Te aclaro que, esta misericordia no contradice la justicia divina, si no que la trasciende, la eleva y la purifica. Cristo, el justo, tomó el lugar del injusto.

> *"Al que no conoció pecado,*
> *Por nosotros lo hizo pecado,*
> *Para que nosotros fuésemos hechos justicia de Dios en él"*
> *(2 Corintios 5:21).*

---

[21] Este versículo expresa que, en la cruz, Dios demuestra su justicia sin dejar de ser misericordioso. No ignora el pecado, pero tampoco abandona al pecador. En Jesús, Dios es simultáneamente juez justo y Salvador compasivo, cumpliendo su justicia al mismo tiempo que ofrece gracia.

Desde esta perspectiva bíblica, la cruz no fue un acto de debilidad, sino de profunda justicia motivada por el amor.

Corazón, no eres salvo por obras que puedas hacer, ni por alguna virtud propia, sino por la iniciativa divina.

"Nos salvó, no por obras de justicia
Que nosotros hubiéramos hecho,
Sino por su misericordia"
(Tito 3:5).

Esa es la esencia de esta buena noticia, de que existe un amor que se entrega primero, una justicia que restaura, una misericordia que transforma. Y todo esto, Corazón, es por ti. Un regalo recibido por gracia.

Dios es justo y santo, pero también misericordioso

No te equivoques, Corazón, Jesús no diluye la santidad de Dios, no la rebaja para hacernos sentir cómodos ni la esconde detrás de una sonrisa indulgente. Al contrario, la revela con una claridad que desarma el alma. Llama al pecado por su nombre sin rodeos, confronta la hipocresía, aunque le cueste la simpatía de los poderosos, y se conmueve profundamente ante la injusticia. Pero lo hace sin piedra en la mano, desde un corazón traspasado por el dolor humano.

La santidad que ves en Jesús no es frialdad ni superioridad moral, es un fuego que purifica sin consumir. Es como el sol de la mañana que ilumina sin herir, como un jabón que limpia sin humillar. No es una santidad que aleja, sino que atrae. No condena, sino que llama a levantarse.

No olvides que Dios es justo, sí. Pero su justicia no es la de un juez implacable que aplica reglas abstractas. Es la justicia del médico que quiere sanar, no castigar; del padre que busca restaurar al hijo y no deshacerse de él. La santidad de Dios no es una amenaza, es una promesa, una de una vida plena, verdadera y luminosa. Una vida donde el pecado no tiene la última palabra.

Así lo afirma el *Salmo 145:8*:

"Jehová es clemente y misericordioso,
Lento para la ira y grande en misericordia."

Queda claro que es en la cruz, donde este misterio se vuelve palpable. No es que Dios pase por alto el pecado, sino que lo enfrenta sin alejarte de su abrazo. Lo vence, no con espada, sino con entrega. Lo perdona, no por debilidad, sino por amor fuerte. En esa cruz se encuentran lo que parecía irreconciliable, la justicia y la misericordia, la santidad y la ternura, el juicio y la gracia.

"La misericordia y la verdad se encontraron;
La justicia y la paz se besaron"
(Salmo 85:10).

Allí, Corazón, Dios no anuló su justicia, la cumplió amándote hasta el extremo. Y desde esa entrega, abre un camino nuevo para todos, no el de la culpa, sino el de la reconciliación. No el del miedo, sino el del regreso a casa.

Emanuel: el Dios que se queda

Más allá de muchas imágenes que presentan lo divino como lejano o inalcanzable, es en Jesús, Corazón, en quien descubres al asombroso, a un Dios que se inclina, que se acerca y que se deja tocar. No es un ideal lejano ni una energía que flota en lo abstracto, es un rostro, un nombre y un susurro que camina a nuestro lado.

Entiende que Él nació como un niño, frágil y envuelto en pobreza. Vivió como un ser humano más que ríe, se cansa, celebra, trabaja con las manos, se sienta a la mesa. Jesús no fue un profeta más que anunciaba verdades ajenas, es el Dios con nosotros, es el *"Emanuel"*[22], el Verbo hecho carne que respiró nuestro aire y bebió nuestra agua.

Tan profundo es este misterio, Corazón, que Dios se ha acercado tanto como para compartir tus lágrimas, tu hambre, tus tentaciones. Sintió el filo del rechazo, el abandono de los amigos, la traición de quienes decían amarlo. Dios, no es uno que te observa desde las alturas, sino uno que se arrodilla junto al polvo de tu camino. No es un Dios que te exige explicaciones, sino uno que te comprende en el miedo y en el suspiro. Un Dios que sabe —no solo por omnisciencia, sino por experiencia— lo que pesa ser un ser humano como tú *(cf. Hebreos 4:15)*[23].

Y cuando regresó al Padre, no te dejó solo. No te dijo *"hasta pronto"* desde la cima de la gloria, sino que prometió algo más profundo: su Espíritu. Una presencia viva, constante e íntima. De esta forma, ya no está sólo a nuestro lado, ahora vive en nosotros. En el aliento de tus oraciones, en la fuerza inesperada que necesitas para perdonar, en la ternura que brota de ti sin explicación lógica: ahí está Él.

Por eso Corazón puedes decir que Dios está con contigo. No como un recuerdo o una figura simbólica que se te viene a la memoria. No como una idea bella que te consuela en momentos necesarios. Sino como una presencia real que habita el tiempo, que llena tus vacíos, que te susurra en lo secreto. En Jesús, Dios se hace tocable, audible y visible

---

[22] Ver Mateo 1:23: "Llamarán su nombre Emanuel, que traducido es: Dios con nosotros".

[23] Hebreos 4:15: "Porque no tenemos un sumo sacerdote que no pueda compadecerse de nuestras debilidades".

para ti. Y por el Espíritu, sigue caminando contigo cada día, como tu compañero fiel, como tu consuelo tierno, como la voz que te guía en medio del ruido *(cf. Mateo 28:20; Juan 14:16-17)*[24].

Cuando el Misterio nos miró a los ojos: visiones y revelación

Ahora, te quiero contar algo muy importante, y es que, a lo largo de los siglos, la humanidad ha buscado a Dios por caminos diversos. Esto es evidencia de que hay una sabiduría profunda que atraviesa las religiones, las culturas y las generaciones; son intuiciones que intentan nombrar el Misterio, prácticas que buscan armonía con lo divino, relatos que apuntan al cielo desde la tierra. Esa sed es compartida por todos los seres humanos. Esa búsqueda es universal. Y, sin embargo, el cristianismo se atreve a proclamar algo singular y desconcertante, y es la certeza de que Dios no solo se ha dejado buscar, sino que se ha dejado encontrar por ti y por mí.

El Evangelio ha anunciado a la humanidad con humildad temblorosa y con osadía reverente de que Dios ha tomado un rostro humano. No se trata de una idea elevada ni de un símbolo universal. Se trata de una persona histórica: Jesús de Nazaret. Un hombre que gozó en la tierra de un nombre, una familia, una tierra y un oficio. Un hombre que rió, lloró, caminó, sangró, murió y resucitó. Y en Él, hoy resucitado —según la fe cristiana—, habita el corazón del Dios eterno.

---

[24] Jesús promete su presencia continua: "Yo estaré con ustedes todos los días" (Mt 28:20), y anticipa al Espíritu como "otro Consolador" que "estará con vosotros para siempre" (Jn 14:16–17). No se trata de una ausencia glorificada, sino de una presencia transformada.

"Él es la imagen del Dios invisible"
(Colosenses 1:15).

"En Él habita corporalmente
Toda la plenitud de la Deidad"
(Colosenses 2:9).

Estas afirmaciones no relativizan la fe cristiana; más bien, la realzan. Porque si Dios se ha revelado en Cristo con rostro, voz y heridas, entonces también puedes entender de que toda la humanidad, de alguna manera, ha estado buscándolo. El Evangelio no niega esa sed universal: la reconoce. Y declara que, en Jesús, esa búsqueda ha sido respondida con plenitud.

Por eso, Corazón, quiero mostrarte cómo en distintos pueblos y textos antiguos, encontramos palabras que parecen vibrar con asombro ante lo divino. No porque contengan la revelación final, sino porque expresan esa intuición que te he venido mostrando y que solo se sacia en Cristo. El Corán proclama a Dios como Uno y Eterno[25], más cercano que la vena yugular[26]. El judaísmo canta que Dios es uno solo[27], y que su amor es más fiel que el de una

---

[25] Corán, Sura 112:1–2: "Di: Él es Dios, Uno. Dios, el Eterno." Esta breve sura resume la concepción islámica de Dios como absolutamente único, eterno e incomparable.

[26] Corán, Sura 50:16: "Y ciertamente, nosotros creamos al ser humano, y sabemos lo que su alma susurra, pues estamos más cerca de él que su vena yugular." Aquí se expresa poéticamente la cercanía radical de Dios con cada ser humano.

[27] Deuteronomio 6:4: "Escucha, Israel: el Señor nuestro Dios, el Señor uno es." Este versículo, conocido como el Shema, es la declaración central del monoteísmo judío.

madre[28]. En los himnos de la Bhagavad Gītā, se afirma que lo divino habita el corazón de cada ser[29], y que se manifiesta en momentos de crisis para restaurar el bien[30]. Y el Dhammapada enseña que el odio se vence solo con el amor[31].

No te estoy afirmando que todas las creencias sean iguales, ni que digan lo mismo. Lo que te quiero mostrar es que la sed por Dios es universal, pero la respuesta completa se ha dado en Jesús. Las otras voces no son enemigas: son ecos. Ecos de un Misterio que en Cristo ha hablado con toda claridad.

Te puedo afirmar con toda seguridad que, lo que la fe cristiana proclama —con humildad y gozo profundo— es que el Dios que creó los cielos y la tierra no se ha quedado en ideas, símbolos o intuiciones, sino que se ha encarnado para abrazar tu barro. En Jesús, la Verdad no permanece distante ni teórica; se ha hecho camino, voz, pan, sangre y cuerpo. Se ha hecho vida, para habitar la tuya.

Corazón, Jesús no es simplemente un sabio, ni un profeta, ni un iluminado. Es el rostro vivo del Dios eterno,

---

[28] Isaías 49:15: "¿Acaso puede una madre olvidar al niño de su pecho? Pues aunque ella lo olvide, yo nunca te olvidaré." Imagen entrañable del amor inquebrantable de Dios en la tradición profética hebrea.

[29] Bhagavad Gītā 10:20: "Yo soy el Ser que mora en el corazón de todos los seres." Palabras de Krishna que afirman la presencia inmanente de lo divino en todos los seres vivos.

[30] Bhagavad Gītā 4:7–8: "Siempre que la virtud declina y la maldad aumenta, yo me manifiesto... para proteger al justo, destruir al malvado y restaurar el orden." Esta declaración revela el dinamismo de lo divino en la historia, especialmente en momentos de desequilibrio moral.

[31] Dhammapada 5: "El odio no cesa con el odio. El odio cesa con el amor. Esta es la ley eterna." Una enseñanza budista sobre la transformación del conflicto a través del amor compasivo.

hecho carne para que pudiéramos conocerlo sin temor. No vino a ofrecer teorías, sino a encarnarse en amor real; en un amor que toca, que sana, que se deja herir. En Él, el infinito no se impone, se inclina; la eternidad no se esconde, se entrega.

Y lo más especial... es que te llama por tu nombre. No para que renuncies a lo que eres, sino para que lo descubras a la luz de ese Amor que nos pensó desde siempre.

"No temas, porque yo te redimí;
Te puse nombre,
Mío eres tú."
(Isaías 43:1)

Así que, no olvides que mirar a Jesús no es participar de un debate de credos. Es contemplar el escándalo de un Dios que no se contentó con inspirar a los hombres desde lejos, sino que vino a caminar entre nosotros. No para cancelar otras búsquedas, sino para llevarlas a su destino. Porque solo en Él, la sed más profunda de tu corazón encuentra descanso.

Dios Trino: una comunión de amor

Ahora necesito que prestes mucha atención a lo que te voy a enseñar Corazón. Cuando Jesús habla del Padre y promete al Espíritu, no está creando una fórmula teológica, está revelando el alma de Dios. Está mostrando que en el corazón de la divinidad no hay soledad ni dominio, sino relación. Amor. Movimiento. Don.

Corazón, la Trinidad no es un acertijo filosófico, ni una complicación innecesaria. Es la forma en que la fe cristiana ha intentado nombrar lo que ha visto y vivido, y es que Dios es amor no como un atributo, sino como su esencia misma.

No amor en abstracto, sino amor vivido eternamente entre el Padre, el Hijo y el Espíritu Santo.

Este misterio es quizá escandaloso pero bello en el fondo. Nos dice que Dios no está solo. Dios nunca ha estado solo. Dios es familia, danza, abrazo que no se encierra. Antes de crear el mundo, ya había comunión. Antes de que existiéramos tú y yo, el amor ya era.

Y aquí está la promesa escondida en este misterio, Corazón, de que, si Dios es comunión, entonces todos los seres humanos fuimos creados no desde la necesidad, sino desde la abundancia. No para llenar un vacío divino, sino para participar en su plenitud. El amor eterno quiso compartirse, y por eso existes.

Recuerda que, a diferencia de otras concepciones donde Dios es una unidad cerrada, o una fuerza sin rostro, o una voluntad solitaria, el cristianismo contempla a Dios como una unidad viva y plural, donde el amor no es algo que se dirige hacia afuera, sino algo que ya fluye por dentro[32].

"Padre, que todos sean uno,
Como tú y yo somos uno"
(cf. Juan 17:21).

En esa oración que acabas de leer, Jesús revela no solo su deseo, sino el secreto eterno: el Dios que es Uno es también comunión.

---

[32] Por ejemplo, el judaísmo proclama con fuerza la unicidad de Dios en el Shema: "Escucha, Israel: el Señor nuestro Dios, el Señor uno es" (Deuteronomio 6:4). El islam también afirma este principio de unidad absoluta en el Corán: "Él es Dios, Uno. Dios, el Eterno. No engendra ni fue engendrado, y no hay nadie igual a Él" (Sura 112:1–4). En contraste, la fe cristiana mantiene esa unidad, pero la concibe como una comunión trinitaria de amor: Padre, Hijo y Espíritu Santo.

¿Y qué significa esto para ti? Que la vida no es una carrera hacia la independencia, sino un regreso al vínculo. Que fuiste hecho para el amor, para la entrega, para el otro. Que cada vez que amas de verdad, te pareces un poco más a ese Dios que no se guarda nada, sino que se da, se reparte y se derrama.

Corazón, el misterio de la trinidad no se resuelve: se contempla. No se encierra en fórmulas: se respira. Y lo más asombroso es que no te invita a entenderlo, sino a habitarlo.

Cuando el amor se hace forma

Recuerda siempre Corazón, que mirar a Jesús es mucho más que estudiar una figura histórica. Es sumergirse en el río que nace del corazón mismo de Dios. Porque en Él no solo aprendes acerca de Dios, sino que ves a Dios en acto, en carne y en gesto.

No olvides que Jesús es la mano tendida del Creador, la voz del eterno pronunciando tu nombre, la presencia que sana sin exigirte nada a cambio, que guía sin aplastarte, que perdona sin recordarte la culpa. Quien lo ha encontrado, ha visto algo del misterio más profundo: Dios no se quedó lejos. Cruzó todas las distancias para sentarse junto a tu herida.

Y en ese rostro —el de Cristo— donde la fe cristiana ha reconocido al Padre, al Hijo y al Espíritu: un solo Dios que ama desde siempre y para siempre, y que te invita no a entenderle del todo, sino a dejarte amar, transformar y habitar.

En consecuencia, la teología, no se proyecta como un mapa para dominar el misterio, sino como una lámpara para caminarlo. Y la fe, Corazón, más que un conjunto de verdades se convierte en una relación viva, que empieza cuando respondes con todo lo que eres a ese amor primero.

Ese Dios —uno y trino, eterno y cercano, justo y compasivo— te busca aún. Se revela no a los perfectos, sino a los que tienen el corazón abierto. Y cuando lo miras, cuando dejas que su mirada te atraviese, entonces algo cambia para siempre.

Por eso, cuando quieras saber cómo es Dios, mira a Jesús. Escucha sus palabras, observa sus gestos, contempla sus encuentros. El que tocó a los intocables, el que perdonó a los pecadores, el que lloró con los que sufren, el que dio su vida sin exigir nada a cambio. Ese es el corazón del Padre. Ese es el Dios que sigue caminando contigo.

Y cada vez que tu corazón le diga *"sí"* ...el suyo responderá: Aquí estoy.

Y ahora, acompáñame en una oración sencilla:

Señor Jesús,
Gracias por mostrarme el rostro del Padre.
Por caminar conmigo,
Por quedarte.
Enséñame a verte en lo sencillo,
A confiar en tu amor que no se cansa.
Que tu presencia me abrace hoy...
Y cada día.
Amén.

Hablemos más de Él....

CAPÍTULO 4

La fe sencilla y auténtica

"El camino de Victoria"

Mi buen Corazón,

Quizá una de las preguntas más sinceras, y a la vez más comunes, que podría surgir es esta: *"¿Qué significa tener fe?"*. Y justo porque es tan sencilla, a veces se vuelve difícil de responder. A lo largo de la historia se han formulado tantas definiciones, tantas voces, tantas reglas, que la palabra *"fe"* corre el riesgo de perder su sabor original: confianza.

Empecemos por este punto. La fe no es una idea abstracta. No es memorizar doctrinas ni repetir frases aprendidas. Tampoco es una fuerza ciega que exige apagar el pensamiento. Fe es confiar. Es apoyarse. Es decirle a Dios: *"No entiendo todo, pero confío en Ti"*. Es como cuando un niño se lanza a los brazos de su padre donde no necesita entender la ley de la gravedad ni calcular la distancia. Solo confía en que va a ser recibido.

Es importante entender que la fe verdadera nace en lo sencillo. No necesita demostraciones espectaculares, ni emociones intensas todo el tiempo. A veces, es solo un susurro: *"Señor, aquí estoy. No tengo mucho, pero quiero conocerte"*. Y eso basta. Porque Dios no mide la fe por su volumen, sino por su verdad. Como dijo Jesús:

"Bienaventurados los de limpio corazón,
Porque ellos verán a Dios"
(Mateo 5:8).

Te confirmo que creer es mirar a Dios con el corazón abierto, sin doblez. Es dejarse mirar por Él, incluso cuando uno se siente pequeño, confundido o imperfecto. Es saber que la fe no es algo que se produce por esfuerzo, sino algo que se recibe y se cultiva. Como una semilla que cae en buena tierra y, a tiempo, florece.

Pongo mi propia vida como ejemplo. A veces, ha habido momentos en que la fe dejó de ser una teoría y se volvió real. Fueron tiempos de crisis, cuando sentía que todo se tambaleaba. Las respuestas fáciles ya no bastaban. Me sentí como Pedro, el discípulo que comenzó a hundirse en medio de la tormenta después de haber caminado sobre el agua. Pero allí, con el agua hasta el cuello, solo pude decir: *"Señor, sálvame"*. Y sentí que su mano me sostenía. No eliminó la tormenta de inmediato, pero me enseñó a confiar en medio de ella.

Esa es la fe que quiero transmitirte, Corazón. No una fe heredada sin discernimiento, ni una fe que impone miedos o normas vacías. Tampoco una fe que exige perfección, sino una que abraza el proceso. Una fe con ojos abiertos y corazón sincero. Una fe que no se rinde cuando llegan las dudas, sino que las atraviesa con honestidad y espera.

Porque los extremos son peligrosos. Un fanatismo que niega la razón convierte la fe en oscuridad. Y un escepticismo que niega el corazón convierte la verdad en frialdad. Pero la verdadera fe camina en equilibrio, razona sin perder la ternura, cree sin dejar de pensar, y ama sin exigir certezas absolutas.

Existe una antigua imagen del Zohar[33] judío que quiero usar como ejemplo claro de la fe, esta enseña que el alma humana necesita dos alas para volar: el amor a Dios y el temor a Dios. Una sin la otra no basta. El amor nos impulsa a acercarnos con gozo y el temor reverente nos enseña a caminar con humildad. Sin estas dos alas, la fe se convierte en un salto ciego o en una doctrina fría.

Este ejemplo de equilibrio también tiene base firme en la Biblia en *Deuteronomio 10:12*:

"Y ahora, Israel,
¿Qué pide Jehová tu Dios de ti,
Sino que temas a Jehová tu Dios,
Que andes en todos sus caminos,
Y que lo ames...?"

También se menciona en *Proverbios 1:7* con las poéticas palabras:

"El temor del Señor
Es el principio de la sabiduría"

Y una última evidencia cuando el amor a Dios fue presentado como el mayor de los mandamientos por Jesús *(Marcos 12:30)*[34].

---

[33] Zóhar, *Parashat Vayejí*, vol. III, 302a. En esta sección, se enseña que el alma del ser humano asciende gracias a dos alas: el amor a Dios y el temor reverente a Él. Sin estas dos fuerzas equilibradas, el alma no puede elevarse plenamente, así como un ave no puede volar con una sola ala.

[34] Marcos 12:30 recoge el mandamiento más importante según

Queda claro entonces que, con estas dos alas, el alma se eleva. Y aunque se quiebre la rama, sigue en vuelo, sostenida no por lo externo, sino por el Dios en quien ha aprendido a amar y reverenciar.

A lo largo de los años, he aprendido lo que te quiero enseñar hoy, y es el hecho de que Dios puede hablarte de muchas maneras: a través de Su Palabra, claro, pero también a través de las vivencias, de las preguntas que te hacen pensar, e incluso de ciertos hallazgos de la ciencia que parecen confirmar lo que la Biblia ya te había enseñado desde siempre. Por eso, para responder a esta gran pregunta sobre la fe, quiero contarte una historia, Corazón. Una historia sencilla, pero llena de profundidad. Porque a veces lo eterno se comprende mejor desde lo cotidiano...

El camino de Victoria hacia la fe

Una tarde cualquiera, Victoria hojeaba su Biblia con el corazón inquieto. No buscaba algo en particular, pero sus ojos cayeron sobre un versículo que parecía susurrarle al alma:

> *"Es, pues, la fe la certeza de lo que se espera,*
> *La convicción de lo que no se ve."*
> *(Hebreos 11:1)*

Se quedó en silencio. ¿Qué significaba realmente tener fe? ¿Era solo creer que Dios existe? ¿O era algo más profundo? En ese instante, sintió que el Señor la invitaba a

---

Jesús: "Amarás al Señor tu Dios con todo tu corazón, y con toda tu alma, y con toda tu mente, y con todas tus fuerzas". Esta cita resume la totalidad del compromiso espiritual que abarca el ser humano completo —emociones, voluntad, intelecto y acción—, reflejando una fe integral y encarnada.

un viaje, no hacia afuera, sino hacia adentro, hacia lo más íntimo del corazón.

Tomó su cuaderno y escribió en la parte superior:

"¿Qué significa tener fe?"

Fe como confianza

Al día siguiente, Victoria recordó una clase donde un profesor había citado a William James, un psicólogo del siglo XIX. Él hablaba de la *"religión de mentalidad sana"*, como una actitud profundamente positiva ante la vida[35]. Aquello le resonó. James no hablaba de fe como una doctrina, sino como una forma de vivir confiando en que el bien es más real que el mal. No porque niegue el dolor, sino porque elige creer que hay esperanza.

Anotó en su cuaderno:

"La fe, en parte, es mirar el mundo con los ojos de la esperanza, aun cuando no hay garantías visibles".

Pero enseguida recordó que Hebreos no definía la fe solo como *"mirar bonito"*, sino como certeza. Y esa certeza no era un producto del temperamento, sino de la relación con Dios. Tener fe es confiar en quién es Dios, no solo en lo que uno siente.

Fe como fundamento

Volvió a *Hebreos 11*. Todo el capítulo es un desfile de personas que caminaron por fe: Noé construyendo un arca

---

[35] William James, *Las variedades de la experiencia religiosa*, conferencia IX: "La religión de mentalidad sana".

sin lluvia; Abraham saliendo sin saber a dónde iba; Sara creyendo en una promesa imposible. Ninguno tenía el mapa completo. Pero confiaron. La fe fue su motor.

Y entonces Victoria entendió algo esencial: la fe tiene dos dimensiones. Una es la fe como *"confianza personal"* (yo confío en Dios). Y la otra es la fe como *"credo"* (lo que creo de Dios). Ambas son importantes.

Un credo sin confianza se vuelve seco. Una confianza sin verdad puede ser ingenua. Pero juntas... forman una fe viva: una que cree con la mente, pero también camina con el corazón.

Fue entonces cuando pensó: la fe es como volar con dos alas —una de amor y otra de reverencia—. Si una falla, el vuelo se tambalea. Pero cuando ambas trabajan juntas, el alma se sostiene, incluso si se quiebra la rama.

La fe racional y la irracional

Una tarde, compartiendo un café con su amigo Samuel, Victoria le contó su búsqueda. Él, estudiante de filosofía, le habló de un autor llamado Erich Fromm, quien no era cristiano, pero que decía cosas muy valiosas sobre la fe.

—Fromm distingue entre dos tipos de fe —le explicó Samuel—. La fe irracional que consiste en creer ciegamente, por miedo o presión, pero generalmente sin comprender lo que se cree[36]. Es pasiva y dependiente. Pero también distingue la fe racional, esta que nace como fruto de una convicción interior, nacida de la experiencia, del amor, del pensamiento. Es una fe que tiene raíces.

Victoria lo interrumpió:

—Eso me recuerda a lo que Jesús dijo: que el que oye su

[36] Erich Fromm, *La revolución de la esperanza*, Editorial Paidós, 1968.

palabra y la hace, es como quien edifica sobre la roca. No basta con repetir cosas. Hay que vivirlas.

Samuel asintió:

—Exacto. Fromm incluso decía que tener fe requiere coraje. Porque implica apostar por algo sin verlo por completo. La fe irracional busca seguridad absoluta; la racional abraza el riesgo con confianza.

Esa noche, Victoria escribió:

"La fe verdadera no es superstición, ni sumisión ciega. Es confianza informada, activa, que piensa, que ama, que obedece".

Y añadió:

"La fe cristiana debe ser racional: no porque entienda todo, sino porque sabe en quién confía".

Fe que transforma

Días después, una amiga le compartió un artículo sobre psicología positiva[37]. Decía que las personas con una actitud confiada y esperanzada tienden a ser más saludables, fuertes y resilientes. Victoria pensó inmediatamente en lo que enseña Proverbios:

"El corazón alegre constituye buen remedio"
(Proverbios 17:22).

Pero notó algo importante: el artículo hablaba de optimismo, no de Dios. Entonces entendió que la fe

---

[37] F. J. González, "Optimismo, salud y creencias religiosas: una mirada desde la psicología positiva", *Avances en Psicología Latinoamericana*, vol. 36, n.º 1, 2018, pp. 91-101.

cristiana no es solo actitud, es relación. No confiamos en *"la vida"* sin más. Confiamos en Dios, en su carácter, en sus promesas.

La diferencia es enorme. No es lo mismo esperar lo mejor... que esperar en Aquel que es bueno.

La fe que vuelve al origen

Regresando al lugar donde empezó su búsqueda, Victoria repasó las respuestas que había recolectado a su pregunta —*"¿Qué significa tener fe?"*—. Y comprendió que no había encontrado una definición cerrada, sino una experiencia que seguía transformándola.

Recordó a William James, que veía la fe como un *"tomar partido por el lado soleado de la vida"*. Y pensó: Eso tiene valor psicológico... pero yo quiero más que bienestar mental. Quiero conocer a Dios, confiar en Él, caminar con Él.

Volvió a pensar en las palabras de Fromm, que definía la fe verdadera como un rasgo de carácter, pero también como un acto de valentía. Y una vez más, su corazón regresó a la Biblia. A Hebreos. A esa nube de testigos. A Jesús, autor y consumador de la fe.

Fue entonces cuando la imagen de las alas volvió con más fuerza: el amor a Dios y el temor reverente no eran opuestos, sino aliados. Las verdaderas alas de la fe. Si una fallaba, el vuelo se desequilibraba. Pero con ambas, el alma podía elevarse, incluso cuando se quebraba la rama.

Victoria tomó su diario y escribió:

"Fe es certeza.
No porque vea, sino porque Dios es fiel.
Fe es confianza.
No porque entienda todo, sino porque Él me sostiene.
Fe es credo.

Pero un credo que camina, que ama, que vive.
Fe son alas.
Amor y reverencia, volando juntas en dirección a Dios."

Y concluyó con una oración:

"Señor, dame una fe sana.
No la de los que repiten sin pensar,
Ni la de los que sienten sin fundamento.
Dame una fe firme, viva, bíblica.
Que no se quede en ideas,
Sino que se haga obediencia.
Una fe que camine contigo, cada día.
Amén."

Esa noche, mientras el cielo se oscurecía, Victoria sonrió. No tenía todas las respuestas. Pero sí tenía lo que más importa: la certeza de lo que se espera, la convicción de lo que no se ve.

Moralejas

¿Te gustó la historia?

Antes de terminar este capítulo, déjame recordarte algo, Corazón: Dios no espera de ti una fe perfecta, sino una fe viva. Una fe que crezca, que se alimente, que respire. Y si en algún momento sientes que te falta fe, recuerda que puedes orar como aquel hombre que un día le dijo a Jesús:

"Creo, ¡ayuda mi incredulidad!"
(Marcos 9:24).

Esa oración, Corazón, tan humana y frágil, fue suficiente.

Tener fe es abrir la puerta. Es permitirle a Dios entrar, caminar contigo, y enseñarte a volar. Porque quien camina con fe no tiene todas las respuestas, pero tiene una certeza: Dios va con él.

Y si hoy te haces la misma pregunta que Victoria —¿qué es tener fe? —, recuerda cómo terminó su historia: no con una definición teológica, sino con una experiencia vivida. Una historia donde aprendió que la fe son alas: amor que confía y reverencia que sostiene. Y con esas alas, el alma puede elevarse por encima del miedo y la duda a pesar de la rama quebrada.

Corazón, Victoria no encontró todas las respuestas, pero sí algo mejor: encontró al Dios que nunca dejó de mirarla. Y quizá tú también lo estás encontrando ahora, en medio de esta lectura, en medio de tu propia búsqueda.

Sé que ha sido un camino largo, Corazón.

Pero a veces, los viajes más valiosos también son los más intensos.

Así que levanta la mirada, abre tus alas... y avancemos.

CAPÍTULO 5

Un corazón nuevo

"Dos veces nacido"

Corazón,

En este punto ¿presientes que algo debe cambiar?

Hay algo que debo decirte con toda la ternura, pero también con toda la verdad. Los seres humanos no nacemos sanos. Nadie lo ha hecho. Aunque cueste reconocerlo, algo está profundamente roto en el corazón desde el principio. No se trata solo de errores puntuales o de malas decisiones: es una inclinación interna, una tendencia que te empuja a alejarte de Dios, a hacer el mal que no quieres y a ignorar el bien que anhelas. La Biblia lo llama la naturaleza pecaminosa[38]. Y no hay corazón humano que esté exento de ella.

Debo enseñarte que, desde el primer suspiro, las

[38] Romanos 7:18–25. Pablo describe la lucha interna entre el querer hacer el bien y la presencia del pecado en su carne. Ver también Romanos 5:12.

personas traemos una herencia espiritual que no se corrige con esfuerzo, ni con educación, ni siquiera con religión. Es la raíz torcida que da frutos amargos: egoísmo, orgullo, lujuria, envidia, mentira, entre otros. Aunque todos traten de disimularlo, lo cierto es que esta enfermedad vive en lo más profundo del alma. El rey David, lo confesó así:

"He aquí, en maldad he sido formado,[39]
Y en pecado me concibió mi madre"
(Salmo 51:5).

Es decir, no es algo que aprendes; es algo que traes. Es una condición natural, una especie de desconexión original de Dios, una inclinación a buscar caminos que te destruyen.

San Agustín lo llamó concupiscencia[40]; Martín Lutero la describió como cor incurvatus in se —un corazón curvado hacia sí mismo[41]. El psicólogo James habló del alma enferma, no simplemente como una persona triste o negativa, sino como aquella cuya conciencia ha sido profundamente herida por la percepción del mal y la insuficiencia radical del yo interior. Es el alma que, aunque viva rodeada de cosas buenas, no logra reconciliarse consigo misma ni con el mundo. Su malestar no es superficial ni ocasional; es existencial.

Corazón, gracias a esta situación universal, las personas viven con un sentido constante de fractura interior, una

---

[39] Salmo 51:5. Una afirmación poética y teológica sobre la presencia del pecado desde el nacimiento.
[40] Agustín de Hipona. *Confesiones,* Libro VII. La concupiscencia es el deseo desordenado que nace del alejamiento de Dios.
[41] Lutero, Martín. *Disputationes contra scholasticam theologiam* (1517). Describe la condición del ser humano como "el corazón curvado hacia sí mismo", expresión central en su teología del pecado.

especie de dualidad en la que coexisten el deseo de lo bueno y una impotencia frente al mal arraigado.

Desde la psicología se le llamó a esta condición el *"yo dividido"*[42]. Una tensión, un impulso que lleva el corazón a la elevación moral y espiritual, y al mismo tiempo una fuerza que lo arrastra hacia la autocomplacencia o la autodestrucción.

Esta lucha interior es lo más cotidiano para las personas que, en silencio, las hace sentir culpables, vacías o incapaces de vivir según lo que creen correcto.

Una forma de ilustrarte este concepto es pensar en el alma como si fuera un instrumento desafinado que, aunque fue creado para producir armonía, algo en su interior ha alterado su afinación. Aunque se esfuerce por tocar bien, cada nota termina sonando rota. Por más que se repitan los intentos, sin la intervención de un Luthier divino, la melodía de la vida nunca encuentra su verdadera tonalidad. No es una teoría ajena o clínica, es el testimonio de millones que, antes de hallar la fe viva, sintieron esa desafinación interior. Esa lucha entre lo que se es y lo que se anhela ser, ese suspiro que no se calma con nada, esa culpa que persiste aun cuando todos aplauden. ¿La reconoces, Corazón?

Lo más honesto es admitirlo, porque no podemos salvarnos a nosotros mismos. La solución no vendrá desde dentro de nuestra vieja naturaleza, sino desde una intervención divina. Y ahí comienza el milagro del Evangelio.

---

[42] James, William. *Las variedades de la experiencia religiosa*, Conferencia IX: "La conversión". James describe la escisión interior entre el yo ideal y el yo real, y cómo la conversión religiosa unifica esa fractura existencial.

El arrepentimiento: más que un sentimiento, un giro del alma

Para poder avanzar te debo hablar del arrepentimiento, el verdadero, uno que se parece a despertar en una casa que hemos ido deteriorando sin notarlo. A veces, tras un largo descuido de la vida donde dejas que el polvo se acumule, que las paredes se agrieten, que los cimientos tiemblen, hasta que una mañana, la luz entra por una rendija y ves todo con claridad. Arrepentimiento es precisamente ese momento de lucidez que, aunque duele, libera. Es justo ahí cuando decides abrir puertas, dejar entrar aire nuevo y permitir que el *"Arquitecto"* reconstruya desde adentro. Esa decisión, Corazón, no es fruto de una vergüenza paralizante, sino de una culpa que impulsa a la transformación.

En mi búsqueda de profundidad en este tema, encontré que desde la psicología moderna se distingue claramente entre culpa y vergüenza[43]: la primera puede llevarte a reparar, la segunda tiende a inmovilizarte. La Biblia no te llama a quedarte en la vergüenza, sino a reconocer la culpa con humildad y correr hacia el perdón de Dios. Este tipo de arrepentimiento es el que produce sanidad y no condenación.

He analizado, Corazón, que muchas personas creen equivocadamente que arrepentirse es solo sentirse mal por lo incorrecto que se hizo. Pero el arrepentimiento bíblico es mucho más. La palabra griega que usa la biblia para referiste a arrepentimiento es *"metanoia"*[44], que significa un cambio

---

[43] VandenBerg, Mary. "Shame, Guilt, and the Practice of Repentance", *Christian Scholar's Review*, 2021.

[44] Hechos 2:38; 2 Corintios 7:10. *Metanoia* implica un giro radical que produce fruto.

de mente, un viraje interior, un giro de 180 grados. Esto nos confirma que arrepentirse de verdad requiere mirar el pecado con los ojos de Dios y odiarlo como Él lo odia; es dejar de justificarlo y empezar a confesarlo; es dejar de correr hacia la muerte y empezar a caminar hacia la vida.

Pero aquí está el punto, Corazón: ese giro no lo damos por cuenta propia. El mismo Dios que te muestra el pecado, te concede también la capacidad de volverte a Él. Es una gracia que toca primero el corazón, lo convence, lo quebranta... y entonces lo levanta. Como dijo Pablo:

> *"¿O no sabes que su bondad te guía al arrepentimiento?"*[45] *(Romanos 2:4).*

Se trata de la bondad de Dios, y esta puede llegar de muchas formas, como por ejemplo en un versículo que te confronta, una conversación que te sacude, una predicación que atraviesa tu alma, una oración que rompe tus cadenas o un libro que te habla al corazón. A veces, incluso, en un momento de desesperación absoluta en el que ya no queda nada, solo el clamor del corazón enfermo: *"¡Sáname, Señor!"*. Y Él responde.

Dos veces nacido: la verdadera conversión

Una vez, Corazón, me preguntaste con genuina curiosidad: *"¿Qué quiere decir eso de nacer de nuevo?"*. Recuerdo que lo dijiste mientras hojeabas tu Biblia y te detenías en ese diálogo íntimo entre Jesús y un hombre llamado Nicodemo. Y entendí que hay preguntas que cambian el rumbo del alma. Esta es una de ellas.

---

[45] Romanos 2:4. La bondad divina como motivación para el arrepentimiento genuino.

La historia describe a Nicodemo como un líder respetado. Sabía mucho sobre religión, conocía las Escrituras, enseñaba a otros... pero algo en Jesús lo inquietaba. Por eso, fue a buscarlo de noche. Tal vez por miedo, tal vez por vergüenza. Pero también, por sed. Y fue entonces cuando Jesús le dijo:

"De cierto, de cierto te digo,
Que el que no naciere de nuevo,
No puede ver el Reino de Dios"
(Juan 3:3).

Jesús no le hablaba de un ritual, sino de una transformación. No de una corrección externa, sino de un nacimiento interior. De recibir algo que no se puede fabricar: un corazón nuevo.

Pensando en este planteamiento bíblico recordé que la psicología contemporánea también afirma que el cambio verdadero sucede cuando cambiamos la forma en que nos vemos a nosotros mismos[46]. No basta con modificar tus conductas; hay que adoptar una nueva identidad. Justo eso es lo que ocurre en el nuevo nacimiento: dejas de verte como esclavo del pecado para reconocerte como hijo de Dios. Y cuando eso se asienta en tu corazón, la transformación se vuelve sostenible.

Jesús fue claro con Nicodemo, que aunque practicara fervientemente una religión, conociera las Escrituras y practicara la ley de Moisés, aún así, todavía le faltaba nacer de nuevo.

Y, ¿cómo se puede ser dos veces nacido? Pues insisto en

---

[46] Jaffe, Adi. "The Identity Hack to Behavioral Change", *Psychology Today*, 2025. Cambiar de identidad es clave para la transformación conductual sostenida.

que no es solo una bonita metáfora; es una verdad espiritual profunda. La primera vez todos los seres humanos nacemos en pecado; la segunda, voluntariamente nacemos en Cristo. La primera te hace hijo de Adán; la segunda te hace hijo de Dios. La primera vida te da existencia; la segunda te brinda propósito eterno. En la conversión, no solo cambia lo que haces, cambia lo que eres.

Y ser hijo de Dios, Corazón, no es solo un título simbólico, es una identidad que redefine toda tu vida. El nuevo corazón late bajo una nueva filiación, donde ahora eres amado, aceptado, perdonado y guiado. Desde ese momento no te mueves por miedo al castigo, sino por la certeza de pertenecer a una familia eterna. Saber que eres hijo de Abba transforma cómo te ves a ti mismo, cómo enfrentas la culpa, el fracaso, el rechazo.

Corazón, esta nueva identidad te brinda una nueva seguridad: ya no peleas por alcanzar valor, lo recibes como un don. Y ese don tiene un nombre: gracia. Todo este valor que recibes no lo mereces, pero te ha sido dado gratuitamente en Cristo. Esa gracia no solo te perdona, te transforma. Y desde ese momento vives, respiras y obedeces. Porque cuando sabes quién eres —un hijo de Dios por la gracia en Jesucristo—, puedes vivir como quien fuiste llamado a ser.

Este nuevo nacimiento no es solo una mejora de tu yo viejo. No es como si maquillaras tu moral ni como si hicieras una limpieza superficial. Es la creación de un nuevo corazón, un nuevo *lev*, como prometió Dios por medio del profeta Ezequiel:

> *"Les daré un corazón nuevo,*
> *Y pondré un espíritu nuevo dentro de ustedes"*
> *(Ezequiel 36:26).*

Entonces, confirmamos que ese corazón nuevo no nace de la voluntad del hombre, ni de la sangre, ni de la religión, sino del Espíritu Santo *(cf. Juan 1:12-13; Juan 3:5-6)*[47]. Y lo hermoso es que ese nuevo corazón comienza a latir en dirección a Dios: ama lo que antes odiaba, y rechaza lo que antes deseaba.

Algunos corazones, como observó cierto psicólogo, parecen vivir su fe como una continuidad estable, sin grandes sobresaltos[48]. Otros —como Nicodemo, como tú, como yo— llegan a Dios luego de una lucha interior, de una búsqueda profunda. A esos, la fe no les llega como herencia sino como un quiebre; no como una costumbre sino como un renacer.

Pero no importa desde dónde vengas. Lo que importa es hacia dónde vas. Y si estas en Cristo, todo lo viejo comienza a pasar, y lo nuevo empieza a nacer *(cf. 2 Corintios 5:17)*[49].

La circuncisión del corazón: cuando Dios opera desde dentro

Sabes Corazón, en varias ocasiones, la Biblia usa una figura tan directa como profunda para hablar de la transformación interior, y esa es, la circuncisión del corazón[50]. Quiero dejarte claro que no se trata de una

---

[47] Cf. Juan 1:12–13, donde se afirma que a los que creen en su nombre, Dios les da potestad de ser hechos hijos suyos; y Juan 3:5–6, donde Jesús enseña que es necesario nacer del agua y del Espíritu para entrar en el reino de Dios.

[48] James, William. *Las variedades de la experiencia religiosa*, Conferencias IX y X. Describe a los "nacidos dos veces" como casos de conversión profunda con impacto duradero.

[49] 2 Corintios 5:17. "El que está en Cristo, nueva criatura es."

[50] En el contexto bíblico, la circuncisión era una señal externa de pertenencia al pacto con Dios (cf. Génesis 17:10-11). En el

intervención quirúrgica física, sino espiritual. Es como si Dios mismo realizara una cirugía interna, cortando lo que está endurecido, insensible o enfermo. Este proceso no duele en el cuerpo, pero sí en el alma. Porque toca lo más íntimo, lo más oculto. Y lo sana.

Moisés habló de esto a su pueblo:

"Circuncidad, pues,
El prepucio de vuestro corazón,
Y no endurezcáis más vuestra cerviz"
(Deuteronomio 10:16).

Y siglos después, Pablo lo explicó con claridad:

"La circuncisión es la del corazón,
En espíritu,
No en letra"
(Romanos 2:29).

Lo que esta figura nos recuerda es que el pecado no solo se corrige: se corta. No se trata de solo hacer ajustes superficiales, sino de permitir que Dios quite lo que impide que tu corazón sienta, escuche y ame como fue creado para hacerlo.

Corazón, la buena noticia es que esa cirugía no depende de nuestro pulso. Es obra de Dios. Él no solo te perdona, sino que también te limpia. No solo te corrige, sino que también te transforma. Y esa transformación comienza en lo más profundo, justo donde nacen tus decisiones, deseos

---

Nuevo Testamento, esta imagen es reinterpretada como una obra interior del Espíritu: una transformación profunda que quita lo que endurece el corazón y lo vuelve sensible a Dios (cf. Romanos 2:28-29; Colosenses 2:11).

y afectos.

No olvides entonces que dejar que Dios *"circuncide el corazón"* es darle permiso para tocar tus durezas, tus mentiras escondidas, tus justificaciones. Es rendirte para sanar. Y cuando eso ocurre, lo que antes era piedra se vuelve carne, lo que antes estaba entumecido comienza a latir con amor verdadero.

El encuentro que cambia todo

Sabes Corazón, en cada historia de conversión verdadera, hay un encuentro. No con una idea, no con una doctrina, sino con una Persona: con Cristo mismo. Es Él quien se revela, quien te busca antes de que lo busques, quien se cruza en tu camino como lo hizo con Saulo en el camino a Damasco para cambiar su rumbo.

Ese encuentro del que te hablo no siempre es dramático, pero siempre es transformador. Puede suceder en una iglesia, en una habitación, en una celda, en un hospital, entre las líneas de un libro... o en medio de una canción. A veces, bastan unas notas, una línea, un susurro musical que toca algo profundo. Como si alguien te recordara que no estás solo, que hay un lugar donde el amor es real, y que ese lugar no está en un templo lejano, sino justo aquí, donde el corazón se rinde. *"Que en este encuentro de los dos desnudes mi interior"*, dice una canción que se ha vuelto oración para muchos[51]. Porque eso es lo que hace Dios cuando se manifiesta: desarma suavemente tus defensas, expone tus heridas con ternura y te llena del universo de su amor.

Un ejemplo inolvidable de esto es Moisés. El día en que

---

[51] Fragmento de la canción "Encuentro", Profe Escamilla (2024). Usado aquí como expresión poética de un corazón que se rinde ante la presencia de Dios.

se encontró con Dios en medio de la zarza ardiente, todo cambió. No fue una gran predicación, ni una visión majestuosa en un templo: fue un arbusto común, en medio del desierto, que ardía sin consumirse. Y desde ese fuego, Dios lo llamó por su nombre. Moisés respondió con temor, pero Dios no lo rechazó. Al contrario, le pidió algo sencillo, pero profundamente simbólico:

"Quita el calzado de tus pies,
Porque el lugar en que tú estás,
Tierra santa es"
(Éxodo 3:5).

Quiero resaltar algo muy importante en este relato bíblico, y es que, quitar el calzado en la cultura del antiguo Oriente era más que un gesto de respeto[52]; era una forma de despojarse de las barreras, de los filtros que usas para no tocar directamente lo sagrado. Además, los pies representan el contacto directo, el camino recorrido y la nueva dirección a seguir. Aunque el calzado protege, también aísla. En otras palabras, Dios le estaba diciendo a Moisés: *"Acércate sin defensas, sin costumbres, sin los caminos aprendidos. Ven como estás, con tu vulnerabilidad y tu verdad"*.

La tierra donde todo sucedió no era santa por ser un lugar especial, sino porque Dios estaba allí. Es esa Presencia, Corazón, la que convierte lo común en sagrado y lo cotidiano en eterno. Así, ese desierto árido sobre el cual

---

[52] En las culturas del antiguo Oriente Próximo, quitarse el calzado al entrar en lugares sagrados era una señal de reverencia, humildad y reconocimiento de la santidad del espacio. Este gesto implicaba un despojo de lo profano antes de acercarse a lo divino. Véase: Keil, C. F., & Delitzsch, F. *Commentary on the Old Testament*, Vol. 1, The Pentateuch, Hendrickson Publishers, 2006, p. 431.

se desenvolvieron los hechos, se volvió altar. El suelo seco se volvió señal. Y Moisés, un pastor fugitivo, se volvió mensajero.

Ese momento que te acabo de describir, es un eco de lo que les pasa a todos cuando se encuentran con Dios: no te exige ornamentos, sino honestidad. No te pide máscaras, sino sinceridad. Descalzarse delante de Dios es abrir el alma y decir: *"Estoy aquí, sin nada que me separe de Ti"*.

A veces, el alma cansada simplemente escucha una letra que le recuerda que *"algo falta y no se llena con nada más"*, y sin darse cuenta, comienza a despertar. La melodía se convierte en oración. La oración, en clamor. Y el clamor, en respuesta.

Porque cuando Jesús se hace presente y toca las puertas del corazón, el alma enferma reconoce su necesidad y el yo dividido comienza a unificarse bajo el gobierno del amor. Todo cambia. Lo que antes pesaba, ahora se suelta. Lo que antes dolía, ahora sana. Lo que antes estaba perdido, ahora se encuentra.

Así, la experiencia de la conversión, tal como ha sido descrita por muchos, es ese momento en que el alma dividida se vuelve unificada. Es una reconciliación profunda entre lo que eres y lo que fuiste llamado a ser. Un acto de gracia que une al yo quebrado con el amor que lo regenera. Esto no ocurre cuando acumulas argumentos o soluciones humanas, sino cuando te rindes sinceramente, cuando dejas de pelear contigo, renuncias a la ilusión de control, y levantas las manos del alma para decir: *"Señor, haz Tú lo que yo no puedo hacer"*. Y justo ahí, en esa rendición, comienza el milagro. Ahí, el corazón de piedra es cambiado por uno de carne. Ahí, el yo dividido se vuelve uno solo bajo el gobierno del Espíritu. Ahí empieza la vida verdadera, no como mejora de la anterior, sino como nacimiento desde lo alto.

Frutos de un corazón nuevo

Corazón, hay un dicho conocido que reza que una flor no necesita anunciarse para ser notada: basta con que florezca. Así también el corazón transformado no necesita pregonarse; su fruto habla por él. Donde antes hubo espinas, ahora hay aroma de gracia. Donde antes reinaba la ira, ahora brota la mansedumbre. No es una perfección instantánea, sino una dirección nueva, como un río que ha sido desviado desde la raíz y ahora corre hacia la vida.

Y lo fascinante, Corazón, es que este cambio no es solo espiritual. La ciencia confirma que el cerebro también se transforma. La repetición de nuevas prácticas —orar, servir, perdonar, meditar en la Palabra— moldea físicamente tus conexiones neuronales. Dios no solo renueva el corazón, también recablea la mente. La neuroplasticidad es, en cierto modo, una firma del Creador en tu diseño[53].

Entonces, ¿cómo se sabe si alguien ha nacido de nuevo? No porque lo diga, sino porque se nota. El arrepentimiento genuino da fruto *(cf. Mateo 3:8)*[54]. El corazón nuevo produce una vida nueva. Comienza a brotar el amor, la paz, la humildad y el perdón. No todo de una vez. No sin luchas. Pero sí con evidencia.

Como decía James, hay algo que cambia en la mirada, en el tono de voz, en las decisiones cotidianas. El nuevo corazón se nota porque ama a Dios con sinceridad y desea agradarle. Ya no se vive por miedo ni por deber, sino por amor. Y ese amor es la mayor fuerza de transformación.

---

[53] Newberg, Andrew & Waldman, Mark. *How God Changes Your Brain*, 2009. La oración y prácticas espirituales reconfiguran el cerebro humano.

[54] Mateo 3:8. Juan el Bautista llama a producir frutos dignos de arrepentimiento.

Una oración

Corazón, esto no es solo para unos pocos. Es para ti. Es para quien se atreva a abrir el alma y decir con humildad: *"Señor, cámbiame desde dentro"*. Esa oración sencilla, si nace del alma, puede marcar un antes y un después. Porque cuando naces de nuevo, no solo cambia tu camino... florece tu esencia.

Todo esto no es solo una enseñanza, es una invitación. Porque después de escuchar, después de comprender, llega el momento de responder. La fe no florece solo con ideas, sino con entrega. Y la oración es ese espacio íntimo donde el corazón comienza a practicar lo que ha comprendido, a rendirse, a pedir, a confiar. Por eso, antes de cerrar este capítulo, quiero que juntos elevemos una oración sencilla, pero profunda. Que estas palabras sean también tuyas, si así lo sientes, y que se conviertan en el primer latido de ese nuevo corazón que Dios quiere darte. Cierra los ojos y di:

Señor,
Tú conoces mi alma más que yo mismo.
Tú sabes cuán enfermo está mi corazón,
Cuántas veces me he alejado,
Cuántas veces he fingido estar bien.

Hoy no quiero disfrazarme más.
Te necesito.
No quiero seguir viviendo con este yo dividido,
Con esta carga que no puedo cargar.

Dame un corazón nuevo.
Uno que te ame.
Uno que te escuche.
Uno que no se justifique,

Sino que se rinda.

Hazme nacer de nuevo.
Hazme hijo tuyo.
Hazme tuyo.

Amén.

¿Cómo te sientes después de orar?

Y ahora, con ese corazón nuevo, te invito a seguir con entusiasmo este camino de descubrimiento y transformación.

Avancemos...

CAPÍTULO 6

Cultivar el jardín interior

"Una relación de corazón a corazón"

Hola otra vez, Corazón querido,

Hagamos un pequeño resumen de lo aprendido anteriormente. Ya hemos hablado del nuevo nacimiento: ese momento en que, por la gracia de Dios, recibes un nuevo corazón. No recibes un remiendo sobre el viejo, sino uno totalmente nuevo, circuncidado.

Ahora, Corazón mío, ha llegado el momento de cultivar lo que Dios ha comenzado. Porque un corazón nuevo no es el final del viaje, sino el principio de una relación viva, constante y transformadora con el Dios que te amó primero.

El jardín como imagen de la vida espiritual

¿Sabes qué imagen me ha acompañado durante toda esta etapa de mi vida espiritual? La de un jardín. No uno de flores exóticas y cuidados sofisticados, sino un jardín interior, secreto, donde cada día se siembra, se riega, se limpia y se espera. La relación con Dios es así. Un terreno sagrado donde Él se pasea, como lo hacía en el Edén al caer la tarde, y donde tú, Corazón, estás invitado a caminar con Él.

Jesús lo expresó con ternura y claridad:

"Yo soy la vid, vosotros los pámpanos;
El que permanece en mí, y yo en él,
Éste lleva mucho fruto"
(Juan 15:5).

Esta imagen viva es una ilustración de conexión y permanencia, no de religión vacía, sino de una relación que se nutre en la cercanía. Asimismo, cuando Él afirma que sus ovejas oyen su voz y lo siguen *(Juan 10:16)*, te recuerda que esta vida espiritual es una comunión activa, una respuesta amorosa y cotidiana a su llamado. Como en todo jardín cuidado con esmero, la vida florece cuando hay presencia, escucha y vínculo constante.

Este jardín del que hablamos ahora, Corazón, es la continuación natural de ese nuevo comienzo que viviste. Lo que nació como una obra de gracia, ahora se cultiva como una relación reciproca. El corazón que despertó en ti —con sed de Dios y apertura al Espíritu— es el mismo que ahora comienza a dar pasos, a echar raíces y a florecer en comunión diaria con el Señor. Por eso te lo presento hoy como un jardín: íntimo, paciente y lleno de promesas.

No te engañes, este jardín no crece solo. Aunque la semilla que Dios plantó en ti es poderosa, necesita ser cuidada con amor. Los hábitos espirituales que elegimos cultivar son como el riego, la poda y la protección de ese lugar. Y con el tiempo, el jardín florece. No con adornos artificiales, sino con los frutos del Espíritu: amor, gozo, paz, paciencia... esas cosas que no se pueden fingir porque brotan solo cuando la raíz está bien conectada a la fuente.

El apóstol Pablo no menciona los frutos del Espíritu como metas morales, sino como evidencias de una vida gobernada por el Espíritu *(Gálatas 5:22–23)*[55]. Estos frutos no se producen en un instante, ni por esfuerzo propio, sino que maduran en el tiempo, cuando el corazón permanece unido a Cristo.

Jesús mismo dijo:

"Permaneced en mí, y yo en vosotros...
El que permanece en mí, y yo en él,
Éste lleva mucho fruto"
(Juan 15:4-5).

Por eso, el fruto verdadero no busca la admiración de los demás; busca reflejar el carácter de Aquel que habita en nosotros.

Dios en lo cotidiano: el ejemplo del Hermano Lawrence

Antes de avanzar es necesario traer a esta conversación lo que resalta claramente el apóstol Pablo, que nuestra vida entera puede ser una expresión de adoración:

"Y todo lo que hacéis,
Sea de palabra o de hecho,

---

[55] Gálatas 5:22–23 presenta el fruto del Espíritu: amor, gozo, paz, paciencia, benignidad, bondad, fe, mansedumbre y dominio propio. No son metas que se alcanzan por esfuerzo humano, sino evidencias del Espíritu Santo habitando en un corazón transformado. El fruto no se impone desde fuera, brota desde adentro.

Hacedlo todo en el nombre del Señor Jesús"
(Colosenses 3:17).

También nos anima a mantenernos en comunión continua:

"Orad sin cesar"
(1 Tesalonicenses 5:17).

Estas palabras, Corazón, no te apartan de tus responsabilidades cotidianas, ni de tus sueños personales, sino que te invitan a vivirlas desde una conciencia constante de la presencia de Dios.

Y esto, Corazón, es lo que hace tan especial este jardín interior: no está reservado para unos pocos santos o personas apartadas del mundo, sino que florece en la vida de cualquier persona que tenga hambre de Dios y practique la fidelidad en lo sencillo de la vida. No necesitas ser un místico del siglo XVII ni vivir en un monasterio para cultivarlo. Basta con abrir los ojos a lo sagrado en lo cotidiano. Te lo muestro con un ejemplo:

Un hombre llamado Hermano Lawrence —cocinero en un convento del siglo XVII— descubrió el secreto de la vida espiritual: practicar la presencia de Dios[56]. No en éxtasis, ni en grandes discursos, sino mientras pelaba papas o lavaba los platos. *"El tiempo de acción y el tiempo de oración son, en mi experiencia, casi lo mismo"*, escribió. Para él, cada acto sencillo de la vida se volvía oración, cada momento cotidiano se convertía en comunión. Su jardín interior florecía entre

---

[56] Laurent de la Résurrection (1614–1691), conocido como Hermano Lawrence, fue un monje carmelita descalzo francés. Su obra *La práctica de la presencia de Dios* recoge sus cartas y conversaciones sobre la comunión con Dios en la vida cotidiana.

ollas y escobas, porque su corazón estaba vuelto hacia Dios.

¡Qué lección tan grande! El Hermano Lawrence nos recuerda que no hay separación entre lo santo y lo cotidiano cuando el amor guía tus manos y pensamientos. La Escritura lo confirma con estas palabras:

"Presentad vuestros cuerpos en sacrificio vivo,
Santo, agradable a Dios,
Que es vuestro culto racional"
(Romanos 12:1).

Es decir, nuestra vida entera, incluso los actos más cotidianos, puede convertirse en una forma de adoración cuando se ofrece con sinceridad y entrega. En otras palabras, cada acto sencillo puede volverse un acto sagrado si se hace con amor y con la conciencia de Su presencia. La relación con Dios no se limita al templo ni a un día específico de la semana, sino que se cultiva en cada gesto, en cada pensamiento, en cada suspiro ofrecido a Él durante la jornada.

Una atmósfera de comunión transformadora

Como declara el salmista:

"Mi alma tiene sed de Dios,
Del Dios vivo"
(Salmo 42:2).

Esa sed profunda, que no se calma con nada de este mundo, es el comienzo del despertar espiritual.

Ten en cuenta Corazón, que este jardín interior no brota en tierra extraña. Nace en el suelo que fue preparado en la búsqueda espiritual, esa inquietud que ya exploramos cuando hablábamos del corazón que pregunta, que busca, que anhela más ¿recuerdas aquel segundo capítulo? La relación con Dios no surge de la nada: crece en corazones que han sido despertados, removidos por esa sed que el mundo no puede saciar.

Quienes han observado con detenimiento el alma humana —aquellos que han estudiado con sensibilidad y respeto la experiencia de la fe— coinciden en esto: la verdadera vida espiritual comienza cuando el alma se encuentra directamente con lo divino. No a través de ritos fríos, sino en una experiencia vivida. Algunos lo han llamado una *"atmósfera moral mejor"*[57] —término utilizado en el ámbito de la psicología de la religión[58] para describir ese estado interior que emerge de una experiencia espiritual auténtica, donde la persona experimenta una renovación ética y afectiva que transforma desde dentro— que transforma desde dentro y se refleja hacia fuera. El jardín interior es precisamente esa atmósfera Corazón, un espacio interno de comunión que cambia todo lo que toca.

Y cuando ese jardín florece por dentro, también ilumina lo que sucede por fuera. Es decir, la vida congregacional, los encuentros comunitarios de fe, cobran sentido y verdad cuando no son un reemplazo de la relación personal, sino una expresión natural de lo íntimo. Una comunidad florece cuando está compuesta por individuos que han cultivado su jardín interior. Entonces, los cantos se llenan de

---

[57] Expresión recogida en la obra *Las variedades de la experiencia religiosa* (1902), del filósofo y psicólogo William James, quien explora el impacto transformador de las experiencias espirituales auténticas.

[58] La psicología de la religión es una disciplina que estudia científicamente cómo las experiencias espirituales afectan el comportamiento, las emociones y la transformación moral del individuo.

significado, las oraciones compartidas brotan de un manantial interior infinito, y la Palabra predicada encuentra tierra fértil en corazones ya preparados. Así, lo congregacional, lejos de ser un acto vacío, se convierte en una celebración viva de lo que Dios ya está haciendo en lo secreto.

Caminos del jardín: hábitos que cultivan la relación con Dios

En este jardín, Corazón, hay caminos concretos por donde Dios te invita a andar. Uno de ellos es la oración: no solo como petición puntual, sino como conversación íntima, como paseo diario de la mano con Dios. Así lo vivió Jesús, quien con frecuencia se apartaba para orar a solas *(Lucas 5:16)*[59], enseñándonos que la oración no es solo un recurso en la necesidad, sino el oxígeno de la vida espiritual. También nos dejó un modelo claro:

> *"Mas tú, cuando ores,*
> *Entra en tu aposento,*
> *Y cerrada la puerta,*
> *Ora a tu Padre que está en secreto"*
> *(Mateo 6:6).*

En ese lugar secreto, Corazón, sin ruido, sin público, florece la comunión más genuina con el Padre.

Otro hábito clave que debes cultivar es la lectura de la Palabra, que actúa como el agua que alimenta tus raíces

---

[59] Lucas 5:16 nos muestra que Jesús, aun en medio del ministerio activo, "se apartaba a lugares desiertos y oraba". Esta práctica revela que el encuentro con el Padre no era ocasional, sino constante. Nos enseña que la oración no es una pausa del camino... es el camino.

más profundas. En ella encuentras la guía segura que necesitas, como dice el salmista:

"Lámpara es a mis pies tu palabra,
Y lumbrera a mi camino"
(Salmo 119:105).

Adicionalmente, no puedes olvidar que la vida en comunidad de fe también forma parte esencial de este cultivo. No eres un jardinero solitario: compartes herramientas, heridas, aprendizajes y gozos con otros. Hebreos lo recuerda claramente:

"No dejando de congregarnos,
Como algunos tienen por costumbre,
Sino exhortándonos; y tanto más,
Cuanto veis que aquel día se acerca"
(Hebreos 10:25).

Por último, debo hablarte del servicio a otros. Un jardín saludable no se encierra en sí mismo: extiende sombra, da fruto y ofrece belleza. Así también, una vida arraigada en Dios se convierte en bendición para otros. Jesús mismo lo vivió:

"El Hijo del Hombre
No vino para ser servido,
Sino para servir"
(Marcos 10:45).

Y en esta misma línea, la Escritura promete que nuestra búsqueda de Dios nunca será en vano:

"El que me busca,

Me halla"
(Proverbios 8:17).

Corazón mío, cuando cultivas estos hábitos, no lo haces por obligación, sino por amor. Porque quieres más de Él. Porque sabes que sin Su presencia —la presencia real de Dios, no la de la iglesia, ni la de un sistema o hábito espiritual por sí solo—, el jardín se marchita. Entiende que ningún esfuerzo religioso externo puede reemplazar la comunión personal con Él. El alma necesita beber directamente de la fuente viva. Todo florece desde ahí, y todo se seca cuando esa raíz se desconecta.

Pero atención, Corazón: no se trata de permanecer en la iglesia como institución, ni en hábitos religiosos sin vida. Se trata de permanecer en Él, en su presencia real, viva y personal. No hay fruto sin raíz, y esa raíz es Cristo mismo. Nada, ni la actividad ministerial, ni la comunión con otros, puede sustituir la relación directa y diaria con el Señor.

No hay fruto sin raíz, sin presencia, sin tiempo compartido.

El fruto que alimenta a otros

Recuerda esa hermosa lista que el apóstol Pablo dejó:

"Mas el fruto del Espíritu
Es amor, gozo, paz,
Paciencia, benignidad, bondad, fe,
Mansedumbre, templanza"
(Gálatas 5:22–23).

Además, no olvides que Jesús mismo te dio el criterio para reconocer a los verdaderos discípulos:

"Por sus frutos los conoceréis"
(Mateo 7:20).

Todo lo que el jardín produce, Corazón, no es para el orgullo personal. Como cuando conversamos sobre la fe auténtica en el capítulo 4, esa que no se queda en ideas, sino que se expresa en obras; pues también aplica para los frutos: son para compartir. Lo que Dios hace en ti, inevitablemente, inspira a otros.

Así, el fruto no es solo señal de madurez, sino también de misión. Porque estos frutos —amor, gozo, paz, paciencia, benignidad, bondad, fe, mansedumbre y dominio propio— son el reflejo del carácter de Cristo formado en ti. No son para ser admirados, sino para ser ofrecidos. Cuando el Espíritu transforma tu interior, también te prepara para una tarea: ser testigo de Su amor en el mundo.

Jesús dijo:

"Vosotros sois la luz del mundo...
Así alumbre vuestra luz delante de los hombres,
Para que vean vuestras buenas obras
Y glorifiquen a vuestro Padre que está en los cielos"
(Mateo 5:14,16).

Los frutos no solo muestran quién habita tu corazón, sino hacia dónde has sido llamado: a servir, a consolar, a guiar, a construir paz, a sembrar esperanza. Esa es la misión que nace de un jardín bien cuidado.

Los frutos del Espíritu no son decoración. Son señales de vida. Aparecen cuando el jardín ha sido trabajado con constancia. Y cuando la relación con Dios es verdadera, el carácter cambia. No de golpe, pero sí con firmeza. Donde antes había impaciencia, ahora hay mansedumbre. Donde había ira, ahora hay dominio propio. Donde antes reinaba la impureza, florece la fidelidad y la pureza en las relaciones, los pensamientos y acciones *(cf. 1 Tesalonicenses 4:3-5)*[60]. La transformación interior toca también tu manera de amar, de mirar al otro, de vivir los vínculos más cercanos.

Y lo más importante Corazón: ese fruto alimenta a otros. Tu vida se vuelve un árbol donde otros encuentran descanso, consejo y consuelo. Porque esos frutos no son solo para ti, sino que también hacen parte de la misión que recibiste: reflejar el carácter de Cristo y ofrecer al mundo señales vivas de Su amor *(cf. Mateo 5:16)*[61].

Una invitación diaria

Corazón mío, Jesús mantiene abierta una invitación constante para la humanidad:

> *"He aquí, yo estoy a la puerta y llamo;*
> *Si alguno oye mi voz y abre la puerta, entraré a él"*
> *(Apocalipsis 3:20).*

Por eso, cuidar este jardín será tu mayor tesoro. No todos entenderán tu dedicación. Algunos verán extraño el hecho de que te detengas a orar en medio del día o de que leas la Biblia cuando podrías estar *"aprovechando el tiempo"*. Pero tú sabrás que estás cultivando eternidad. Que cada minuto invertido con Dios, cada conversación secreta, cada

---

[60] Este pasaje bíblico vincula la santidad personal con la pureza sexual, recordando que la voluntad de Dios es nuestra santificación: "que cada uno sepa tener su propia esposa en santidad y honor".

[61] En Mateo 5:16, Jesús invita a que nuestras buenas obras brillen delante de los hombres, no para exaltarnos, sino para que otros glorifiquen al Padre. La luz que reflejamos no es propia, es fruto de una vida conectada con Dios.

acto sencillo hecho con amor, es una semilla que florecerá para Dios.

Así que te animo a entrar en ese jardín cada día. A hacer de cada espacio una oportunidad de encuentro. A practicar la presencia de Dios como el Hermano Lawrence. A permitir que el Espíritu trabaje la tierra de tu alma. Porque en ese jardín —silencioso y vivo, cotidiano y santo— se encuentra el secreto de una vida plena.

Toma aliento Corazón, aún hay más terreno por cultivar.

CAPÍTULO 7

Guerras del corazón nuevo

"Contra el mundo, la carne y el diablo"

Hola otra vez, mi buen Corazón:

En este punto de nuestra conversación, quiero advertirte algo importante: recibir un nuevo corazón también marca el comienzo de una batalla. No contra personas, sino contra realidades espirituales profundas que buscan apartarte del propósito de Dios. La Biblia lo enseña con claridad:

> *"Porque no tenemos lucha contra sangre y carne,*
> *Sino contra principados, contra potestades,*
> *Contra los gobernadores de las tinieblas de este siglo,*
> *Contra huestes espirituales de maldad"*
> *(Efesios 6:12).*

Estos enemigos de los que te hablo se presentan con tres rostros: el mundo que seduce, la carne que arrastra y el diablo que acusa. No es fantasía ni exageración, es la lucha diaria del alma redimida. Pero no temas, Corazón. Dios no te deja solo. Te ha dado la armadura de la fe *(cf. Efesios 6:13-17)*[62], la compañía del Espíritu Santo y una promesa inquebrantable:

"No te desampararé,
Ni te dejaré"
(Hebreos 13:5).

La carne: la vieja sombra que resiste

Aunque el corazón que Dios te dio es nuevo, la carne sigue siendo una sombra que quiere tomar el control. No te hablo del cuerpo físico, sino de esa inclinación interna a centrarse en uno mismo, a ceder ante el deseo inmediato, a elegir lo fácil antes que lo correcto. Pablo, en su carta a los Romanos, lo describe para ti y sin rodeos:

"No hago el bien que quiero,
Sino el mal que no quiero"
(Romanos 7:19).

Desde esa misma experiencia san Agustín confesaba: *"Dos voluntades combatían en mi interior, una vieja y una nueva, una carnal y otra espiritual"*[63]. Esa lucha no es señal de hipocresía, sino de vida. Solo quienes han sido tocados por el Espíritu pueden ser conscientes de esa tensión. Nuevamente el apóstol Pablo lo confirma en su carta a los

---

[62] En este pasaje Pablo describe las armas espirituales del creyente: el cinturón de la verdad, la coraza de justicia, el escudo de la fe, el yelmo de la salvación, la espada del Espíritu y el calzado del evangelio.

[63] San Agustín, *Confesiones*, Libro VIII, Cap. 5. Edición de bolsillo, Editorial Edaf, 2010.

Gálatas al describir esa oposición interior:

"Porque el deseo de la carne es contra el Espíritu,
Y el del Espíritu es contra la carne;
Y éstos se oponen entre sí,
Para que no hagáis lo que quisierais"
(Gálatas 5:17).

Avanzando Pablo en su discurso se aseguró de no dejar espacio a la ambigüedad y enumerar claramente las obras de la carne en *Gálatas 5:19-21*. Aquí las presento, Corazón, por medio de un glosario detallado con breves descripciones de cada una para que puedas discernirlas y resistirlas con la ayuda del Espíritu:

- **Adulterio:** Relaciones sexuales fuera del pacto del matrimonio, quebrantando la fidelidad.
- **Fornicación:** Toda relación sexual ilícita, incluyendo prácticas fuera del diseño de Dios.
- **Inmundicia:** Conductas y pensamientos impuros que degradan el alma.
- **Lascivia:** Desenfreno, especialmente en el ámbito sexual; falta de dominio propio.
- **Idolatría:** Poner cualquier cosa —persona, instituciones, éxito, dinero— en el lugar que solo Dios debe ocupar.
- **Hechicerías:** Prácticas ocultas o esotéricas que pretenden controlar lo espiritual al margen de Dios.
- **Enemistades:** Hostilidad o actitud constante de conflicto hacia otros.
- **Pleitos:** Discusiones que dividen y generan separación.
- **Celos:** Deseo egoísta de poseer lo que otros tienen, mezclado con inseguridad.

- **Iras:** Explosiones de enojo fuera de control.
- **Contiendas:** Rivalidades, luchas de poder que generan división.
- **Disensiones:** Actitudes rebeldes que rompen la unidad.
- **Herejías:** Doctrinas desviadas que deforman la verdad del evangelio.
- **Envidias:** Dolor ante el bien ajeno.
- **Homicidios:** El acto de matar, pero también el odio profundo hacia otro *(cf. 1 Juan 3:15)*.
- **Borracheras:** Consumo excesivo de alcohol que domina la voluntad.
- **Orgías:** Desenfreno, excesos y descontrol moral.
- **Y cosas semejantes a estas:** Todo comportamiento que, aunque no esté en la lista, refleja los mismos impulsos de egoísmo, impureza o violencia.

El apóstol Pablo concluye su disertación con una advertencia seria:

"Acerca de las cuales os amonesto,
Como ya os lo he dicho antes,
Que los que practican tales cosas
No heredarán el reino de Dios"
(Gálatas 5:21).

Por eso, Corazón, conocer estos enemigos interiores no es para vivir en culpa, sino en vigilancia amorosa. El Espíritu no te acusa, pero sí te revela. Y cuando lo hace, también te da fuerzas para vencer.

No te desanimes si a veces sientes tirones hacia lo viejo. No es que hayas retrocedido. Es que ahora estás despierto. El Espíritu Santo no solo te consuela; también te fortalece para decir que no a lo que antes decías que sí. Como dice

Gálatas:

"Andad en el Espíritu,
Y no satisfagáis los deseos de la carne"
(Gálatas 5:16).

El mundo: la corriente que arrastra

Corazón, Jesús no pidió al Padre que te sacara del mundo, sino que te guardara del mal *(cf. Juan 17:15)*[64]. El mundo, en el sentido bíblico, es ese sistema invisible pero poderoso que configura formas de pensar y vivir opuestas a Dios. Es la corriente que exalta lo superficial sobre lo eterno, el placer inmediato sobre la obediencia, el ego sobre la entrega. Cristo lo describió como un terreno hostil para la fe verdadera:

"El mundo no puede aborreceros a vosotros;
Mas a mí me aborrece,
Porque yo testifico de él,
Que sus obras son malas"
(Juan 7:7).

Debes entender que este sistema no siempre se presenta como algo grotesco. A menudo se disfraza de éxito, libertad, modernidad o progreso, pero con frecuencia redefine los límites entre el bien y el mal al margen de Dios. Por eso, en la carta a Santiago se advierte con contundencia:

---

[64] En Juan 17:15, durante su oración al Padre, Jesús expresa su deseo no de que los creyentes sean sacados del mundo, sino de que sean guardados del mal. Este versículo revela el propósito de una vida cristiana activa en medio del mundo, pero protegida por Dios frente a la corrupción y el ataque espiritual.

"Cualquiera que quiera ser amigo del mundo,
Se constituye enemigo de Dios"
(Santiago 4:4).

También el apóstol Juan exhortó claramente a no amar al mundo y lo que ofrece:

"No améis al mundo,
Ni las cosas que están en el mundo.
Si alguno ama al mundo,
El amor del Padre no está en él.
Porque todo lo que hay en el mundo
Los deseos de la carne,
Los deseos de los ojos,
Y la vanagloria de la vida,
No proviene del Padre,
Sino del mundo"
(1 Juan 2:15-16).

En estas líneas que acabamos de leer se develan las principales armas del mundo y su sistema, armemos un nuevo glosario para conocerlas:

1. **Los deseos de la carne:** Todo lo que apela a los apetitos desordenados del cuerpo y del alma. Ofrecen placer sin límites, gratificación inmediata e impulsos sin freno. El mundo los disfraza de libertad, pero es sabido de que terminan esclavizando a quien se rinde a ellos *(1 Pedro 2:11).*
2. **Los deseos de los ojos:** Todo lo que brilla, lo que deslumbra. Es esa codicia visual que despierta la envidia, la comparación y el consumo sin medida. El mundo te quiere enseñar a valorar a las personas por su apariencia, no por su esencia *(Salmo 101:3).*

3. **La vanagloria de la vida:** Se refiere al deseo de ser admirado, de sobresalir, de aparentar una vida perfecta. Es el ego vestido de éxito, buscando identidad en el reconocimiento de otros *(Mateo 23:28)*.
4. **El relativismo moral:** Parte de la idea de que no hay verdad fija, que todo depende del contexto o la emoción. Este pensamiento anestesia la conciencia, debilita los principios bíblicos y disuelve la integridad *(Isaías 5:20)*.
5. **La autosuficiencia orgullosa:** Aquel estilo de vida que declara: *"no necesito a Dios"*. Generalmente es celebrado como independencia, pero en realidad es desconexión. El corazón de la persona se endurece cuando ya no siente necesidad del Creador *(Apocalipsis 3:17)*.
6. **El entretenimiento vacío:** No todo lo que entretiene edifica. Hay distracciones que no solo consumen el tiempo, sino que adormecen el alma. De esta manera se pierde la sensibilidad espiritual mientras se ríe sin propósito *(1 Corintios 10:23)*.

Por eso, Corazón, no te amoldes a lo que todos hacen. La fe no se nutre de popularidad, sino de verdad. Recuerda que esta batalla se gana desde adentro, cuando eliges no seguir la corriente, sino al Pastor de tu alma.

Por eso te digo Corazón, que vivir en el mundo sin pertenecerle es parte de tu vocación. No te aísles, pero tampoco te amoldes. Tu luz no necesita alardes para brillar. Solo permanecer fiel.

La transformación comienza desde dentro, cuando decides no seguir la corriente, sino la Palabra.

En línea con esto, el apóstol Pablo hace un llamado que encaja perfectamente en este punto: a no conformarnos.

"No os conforméis a este siglo,
Sino transformaos
Por medio de la renovación de vuestro entendimiento"
(Romanos 12:2).

Es decir, Corazón, piensa distinto. Vive distinto. No sigas la corriente solo porque todos lo hacen. Si el Espíritu te muestra que no edifica, apártate con firmeza. Tu luz no necesita llamar la atención para ser verdadera. Basta con que no se apague.

Satanás: el acusador disfrazado

C.S. Lewis, en su libro *Cartas del diablo a su sobrino*, escribió que uno de los mayores logros del diablo es hacernos creer que no existe[65]. Pero Jesús, en su enseñanza sobre la oración, te dejó un mensaje claro:

"Líbranos del maligno"
(Mateo 6:13).

Porque hay un enemigo real, espiritual, que busca acusar, engañar y sembrar dudas en el corazón nuevo, como lo muestra también *Apocalipsis 12:10*, donde se le describe como:

"El acusador de nuestros hermanos,
Que los acusaba delante de nuestro Dios día y noche".

Por otro lado, el apóstol Pedro advierte con urgencia

[65] C.S. Lewis, *Cartas del diablo a su sobrino* (*The Screwtape Letters*), Ediciones Rialp, 2011.

sobre cómo opera este enemigo:

"Vuestro adversario el diablo,
Como león rugiente,
Anda alrededor buscando a quien devorar.
Resistidlo,
Firmes en la fe"
(1 Pedro 5:8-9).

Adicionalmente, Jesús también lo llamó:

"El padre de mentira"
"homicida desde el principio"
(Juan 8:44).

Otra clave que debes conocer es que, aunque sus armas son antiguas, siguen siendo eficaces. Este es el glosario de ellas:

1. **La acusación:** El susurro que te recuerda tus errores para hacerte sentir indigno del amor de Dios, incluso después del perdón *(Zacarías 3:1).*
2. **El engaño:** La mentira disfrazada de verdad, que distorsiona lo bueno y te aleja sutilmente de lo esencial *(2 Corintios 11:14).*
3. **La tentación:** El intento de seducir tu corazón hacia lo fácil, lo inmediato o lo egoísta, disfrazándolo de necesidad o promesa *(Mateo 4:1-11).*
4. **La división:** La grieta que separa lo que Dios diseñó para estar unido: relaciones, comunidad, fe compartida *(Efesios 4:26-27).*
5. **El miedo:** El grillete invisible que paraliza, que te hace vivir como esclavo cuando fuiste llamado a la libertad *(Hebreos 2:14-15).*

Satanás no siempre aparece de manera grotesca; muchas veces se disfraza como ángel de luz *(2 Corintios 11:14)*[66], susurrando medias verdades o distorsionando las promesas de Dios.

Su arte consiste en avivar las inclinaciones de la carne, amplificar el atractivo del mundo y susurrar mentiras sutiles que debiliten tu confianza en Dios. Es experto en manipular circunstancias para hacerte dudar de tu identidad, exagerar tus errores, y sembrar sospechas sobre la bondad divina. Puede hacer que la soledad se sienta abandono, o que una tentación se disfrace de necesidad legítima.

Encontré un ejemplo que te ayudará a entender muy bien su estrategia. Lo plantea C.S. Lewis con las siguientes palabras: imagina un joven que ora con sinceridad por sabiduría. Justo después, recibe un pensamiento: *"¿De verdad crees que Dios te escucha?"*[67] Esa duda, tan suave, parece tuya, pero no lo es. Es el susurro del enemigo, intentando desconectarte del amor de Dios. Así trabaja el diablo: no siempre con gritos, sino con insinuaciones. No con cadenas visibles, sino con pensamientos camuflados que enfrían la fe.

Por otro lado, recuerda el planteamiento de William James, quien, al hablar de la religión en su dimensión más íntima, describió esta lucha como el conflicto entre dos yoes dentro del alma: uno que quiere rendirse a lo eterno, y

---

[66] En 2 Corintios 11:14, el apóstol Pablo advierte que "el mismo Satanás se disfraza como ángel de luz", subrayando que el mal no siempre se presenta como algo grotesco o evidente, sino que muchas veces se oculta bajo apariencias de bondad, espiritualidad o belleza.

[67] Ibid., se recrea libremente el estilo de Lewis para ilustrar cómo actúa la tentación.

otro que se aferra al ego y la desesperanza[68]. Esta lucha espiritual que describe no es ajena a la Escritura. El apóstol Pablo habló de una guerra entre el hombre interior que se deleita en la ley de Dios y otro, carnal, que lo lleva cautivo al pecado *(cf. Romanos 7:22-23)*[69].

¿Cómo se gana entonces esta batalla? Con la verdad y con la fe viva, que vence al mundo *(1 Juan 5:4)*[70]. Tal como Jesús lo hizo en el desierto, resistiendo las tentaciones del diablo con un...

"Escrito está..."
(Mateo 4:4-10)

También tú, Corazón, puedes enfrentar las sombras con la luz de la verdad revelada.

El Espíritu Santo: el Amigo en medio de la batalla

Pero no todo es lucha Corazón. Hay también una Presencia que te fortalece. Jesús no solo te dio una nueva vida, sino un Compañero fiel: el Espíritu Santo.

"Pero recibiréis poder,
Cuando haya venido sobre vosotros

---

[68] William James, *Las variedades de la experiencia religiosa*, capítulo sobre la "mente dividida", Alianza Editorial, 2007.

[69] Pablo habla de la tensión entre su "hombre interior" regenerado y la ley del pecado que lo lleva cautivo, anticipando la necesidad de liberación en Cristo.

[70] 1 Juan 5:4 declara que "todo lo que es nacido de Dios vence al mundo; y esta es la victoria que ha vencido al mundo, nuestra fe". Este versículo enfatiza que la fe no es solo creencia, sino una fuerza viva que permite al creyente resistir y superar el sistema de valores contrarios a Dios que domina el mundo.

El Espíritu Santo..."
(Hechos 1:8).

Él no es una fuerza impersonal. Es una Persona. Habla, consuela, recuerda y fortalece. Te dirige con sabiduría y te levanta cuando caes. Es el mismo Espíritu que guió a Jesús, que consoló a Pablo en la cárcel, que dio valor a los mártires, que inspiró a los santos. Y ahora vive en ti.

Corazón, no pelearás solo. Tienes un Amigo fiel, un Abogado, un Consejero. Cuando el mundo te quiera confundir, cuando la carne te quiera empujar o cuando el enemigo te acuse, recuerda: no estás huérfano. Estás habitado. El Espíritu de Dios vive en ti. Y donde está el Espíritu del Señor, allí hay libertad *(cf. 2 Corintios 3:17)*[71].

Corazón mío, el apóstol Pablo, luego de enumerar las obras de la carne, presenta el fruto del Espíritu como el contrapeso divino que transforma desde adentro. Estas virtudes no son logros humanos, sino evidencias de una vida rendida al Espíritu Santo de Dios. El glosario de ellas es:

- **Amor:** Entrega desinteresada que busca el bien del otro. No es sentimiento volátil, sino decisión constante.
- **Gozo:** Alegría profunda que no depende de las circunstancias, sino de la comunión con Dios.
- **Paz:** Serenidad interior que viene de confiar en Dios, aun en medio de la tormenta.
- **Paciencia:** Fortaleza para soportar sin rendirse, para esperar sin amargarse.

---

[71] 2 Corintios 3:17 afirma: "El Señor es el Espíritu; y donde está el Espíritu del Señor, allí hay libertad". Este versículo subraya que la verdadera libertad no proviene de reglas externas, sino de la presencia transformadora del Espíritu Santo en el interior del creyente.

- **Benignidad:** Actitud amable y compasiva hacia los demás.
- **Bondad:** Deseo activo de hacer el bien y ser generoso.
- **Fe:** Confianza firme en Dios, fidelidad a sus promesas.
- **Mansedumbre:** Fuerza bajo control, humildad que no busca imponerse.
- **Templanza:** Dominio propio; capacidad de regular los impulsos y vivir con sabiduría.

Pablo concluye con una afirmación liberadora:

"Contra tales cosas no hay ley"
(Gálatas 5:23).

Es decir, no hay límite para vivir en el Espíritu. Estas cualidades no solo vencen a la carne, sino que revelan a Cristo en ti.

Corazón, cada vez que actúas con amor en vez de con envidia, que eliges la paz en vez de la ira, que eres fiel en medio de la duda, estás haciendo morir lo viejo y dando lugar a lo nuevo. Estás ganando la guerra del corazón.

Para terminar, Corazón, no podemos pasar por alto esto: Dios no solo te dio un nuevo corazón, también te dio una armadura por medio de su Espíritu.

Y no cualquier armadura, una espiritual para que puedas estar firme en medio de los ataques del enemigo. El apóstol Pablo la describe con detalles, no como un adorno simbólico, sino como una necesidad vital para resistir los embates del mundo, la carne y el diablo:

"Vestíos de toda la armadura de Dios,
Para que podáis estar firmes

Contra las asechanzas del diablo...
Para que podáis resistir en el día malo,
Y habiendo acabado todo,
Estar firmes"
(Efesios 6:11,13).

Cada parte de esta armadura tiene un propósito específico. Por eso, como en otras secciones de este capítulo, quiero dejarte un último glosario para que la conozcas mejor:

- **El cinturón de la verdad:** Porque la mentira es una de las armas favoritas del enemigo. Necesitas la verdad de Dios ceñida a tu vida para que nada se desarme.
- **La coraza de justicia:** Porque tu corazón nuevo debe estar protegido. No por tu perfección, sino por la justicia de Cristo que te cubre.
- **El calzado del evangelio de la paz:** Porque esta batalla no se pelea con violencia, sino con pasos firmes en el mensaje de amor y reconciliación.
- **El escudo de la fe:** Para apagar los dardos de duda, culpa o desesperanza. La fe no es ingenuidad, es confianza resistente.
- **El yelmo de la salvación:** Porque tu mente necesita recordar cada día que ya has sido rescatado, que tu identidad está segura en Él.
- **La espada del Espíritu, que es la Palabra de Dios:** No solo para defenderte, sino para avanzar con la verdad en mano, como Jesús lo hizo en el desierto.

Y Pablo termina diciendo:

"Orando en todo tiempo

Con toda oración y súplica
En el Espíritu..."
(Efesios 6:18)

Porque esta batalla, Corazón, no se gana solo con disciplina, sino con comunión. Orar es mantener la línea abierta con el Comandante de tu alma.

Por eso hoy te digo ¡Adelante Corazón! La batalla es real, pero la victoria está prometida. No porque seas fuerte, sino porque Dios pelea contigo. Y su Espíritu, en ti, es mayor que todo lo que está en contra.

¿Te parece interesante?

No dejes de leer, lo que sigue te dará madurez.

CAPÍTULO 8

La iglesia

"Entre lo divino y lo humano"

"Papá,
¿Por qué la iglesia hace cosas que Jesús nunca haría?"

Hola, mi buen Corazón,

Preguntas necesarias, heridas reales

Esta pregunta tuya se me quedó grabada. Como tantas otras, llegó en un momento aparentemente casual, pero trajo consigo un peso sagrado. La hiciste con esa mezcla de tristeza y desconcierto que a veces tiene el alma joven cuando algo no encaja. Y te entiendo. Porque yo también me la hice, más de una vez.

La historia de la Iglesia es la historia de una comunidad que nace del amor de Cristo, pero que ha sido vivida y sostenida por seres humanos frágiles como tú y como yo. Es una historia hermosa y dolorosa, luminosa y contradictoria. Y si hoy quiero contártela, Corazón, no es para defenderla a ciegas ni para señalarla con amargura. Es para ayudarte a verla con esperanza, reconociendo sus heridas, pero también recordando quién fue su fundador y para qué nació realmente.

Un inicio entre casas, milagros y cicatrices

Todo comenzó con Jesús. Él no construyó templos, no redactó estatutos, no fundó ninguna denominación. Pero sembró algo más profundo: una comunidad viva que lo amaba y lo seguía. Tras su resurrección, Jesús se apareció a sus discípulos y les dejó una encomienda que se conoce como la gran comisión que sería el latido de la Iglesia naciente:

"Por tanto, id,
Y haced discípulos a todas las naciones,
Bautizándolos en el nombre del Padre,
Y del Hijo, y del Espíritu Santo;
Enseñándoles que guarden todas las cosas
Que os he mandado;
Y he aquí yo estoy con vosotros todos los días,
Hasta el fin del mundo.
Amén"
(Mateo 28:19-20).

Allí comenzó esa fuerza de unión que imitaba lo que Jesús había hecho durante toda su vida: acercarse a los olvidados, sanar corazones rotos y crear fraternidad donde había separación. La iglesia primitiva era eso, un grupo de personas tan distintas entre sí que jamás habrían compartido mesa, si no fuera porque su amor por Jesús las reunió. Comían juntos, oraban, compartían lo que tenían, cuidaban a los enfermos, perdonaban a los enemigos y anunciaban el Reino.

"Y perseveraban en la doctrina de los apóstoles,
En la comunión unos con otros,
En el partimiento del pan y en las oraciones"
(Hechos 2:42).

Esa era la iglesia, un jardín nuevo que brotaba en medio del desierto. No había jerarquías rígidas ni protocolos. Había fuego, pasión, hambre de Dios, y una certeza inquebrantable de que Jesús había resucitado. La gente no era atraída por sus sistemas, sino por su amor. Y por eso crecían. Por eso impactaban. Por eso eran perseguidos, no por rebeldes, sino por parecerse demasiado a Cristo.

"Y todos los que quieren vivir piadosamente
En Cristo Jesús
Padecerán persecución"
(2 Timoteo 3:12).

De perseguida a poderosa: la paradoja de la historia

Con el paso del tiempo, la iglesia fue creciendo, organizándose y cambiando. Cuando el emperador Constantino legalizó el cristianismo en el siglo IV, lo que antes era un movimiento de mártires pasó a ser una institución respetada[72]. Y así, poco a poco, la iglesia que antes caminaba entre los pobres ahora se sentaba junto a los tronos y poderosos del mundo. Ganó poder, influencia,

[72] "La legalización del cristianismo ocurrió con el Edicto de Milán en el año 313 d.C., bajo el emperador Constantino, permitiendo la libertad de culto en el Imperio Romano."

y hasta un territorio. También perdió algo: la frescura de su primer amor.

Así, durante siglos, la Iglesia —especialmente la Iglesia Católica— fue el alma de Occidente[73]. Fundó hospitales, universidades, bibliotecas. Preservó la Biblia, proclamó la dignidad humana, inspiró arte sublime y cuidó de los olvidados. Pero también se desvió llenándose de riquezas, mezclándose con la política, y persiguiendo a quienes pensaban diferente. En nombre de Dios, a veces se hizo lo que Jesús nunca haría.

En consecuencia, con todo lo anterior, sucedió lo que se conoce como la Reforma protestante en el siglo XVI, esta fue otro grito de dolor y de esperanza. Martín Lutero[74], un monje sincero, denunció abusos como la venta de indulgencias y recordó que la salvación es por gracia, no por méritos. Su protesta encendió un fuego que dividió a la cristiandad y dio origen a nuevas comunidades cristianas. Así nació lo que se conoce hoy como la iglesia evangélica o protestante, con el sueño de volver a la Escritura, a la fe auténtica, al evangelio puro. Y en muchos lugares lo logró.

Con el pasar de los siglos, sin embargo, también estas nuevas comunidades comenzaron a multiplicarse y diversificarse. Hoy, la pluralidad de denominaciones es enorme[75]: cada una con su estilo, su énfasis y sus formas.

---

[73] "Durante la Edad Media, la Iglesia Católica tuvo un rol central en la vida social, política y cultural de Europa, fundando instituciones educativas, hospitales y preservando la tradición escrita."

[74] "Martín Lutero publicó en 1517 sus 95 tesis contra las indulgencias, iniciando la Reforma Protestante que cuestionó la autoridad papal y defendió la salvación por la fe."

[75] "Se estima que existen a la fecha más de 45.000 denominaciones cristianas en el mundo, surgidas de interpretaciones, contextos culturales y énfasis doctrinales

Algunas conservan una llama ardiente de pasión por Cristo. Otras han caído en la rutina, el poder o la política. En ciertos lugares, la iglesia sigue siendo voz de esperanza, hogar para el afligido y guía moral. Pero en otros, parece confundirse con las estructuras de este mundo: pactando con intereses, defendiendo privilegios, o silenciando verdades incómodas.

A veces, Corazón, en nombre de la fe, se promueven ideologías que poco tienen que ver con el evangelio. O se protege más la imagen pública que la justicia del Reino. Se construyen imperios religiosos mientras se descuida al huérfano y a la viuda. Y en medio de esa complejidad, muchas personas sinceras se preguntan: *"¿Dónde está el Jesús que amaba sin condiciones?, ¿Dónde está la comunidad que compartía todo y cuidaba al que sufría?"*.

Y, sin embargo, la promesa de Jesús sigue en pie. Su Iglesia verdadera no ha desaparecido. Está allí, a veces silenciosa, a veces marginal, pero viva. Son corazones unidos no por tradición, sino por amor. Personas que siguen creyendo que ser iglesia es mucho más que un edificio o un programa dominical: es ser cuerpo, ser luz, ser sal. Es vivir como Él vivió. Como dijo Jesús:

"Vosotros sois la sal de la tierra;
Pero si la sal se desvaneciere,
¿Con qué será salada?"
(Mateo 5:13).

Corazón amado, ser iglesia es mantener ese sabor, esa diferencia, esa capacidad de preservar y transformar en medio de un mundo que muchas veces pierde su rumbo.

Jesús animó a todos los que le siguen a no esconder su

---

diversos."

fe, sino a vivirla de forma tan visible y transformadora que impactara al mundo.

"Vosotros sois la luz del mundo;
Una ciudad asentada sobre un monte
No se puede esconder...
Así alumbre vuestra luz delante de los hombres,
Para que vean vuestras buenas obras
Y glorifiquen a vuestro Padre que está en los cielos"
(Mateo 5:14,16).

El jardín compartido... o cercado

Ahora quiero hablarte de otro aspecto importante de la Iglesia.

Con el paso del tiempo, cada comunidad ha tenido que enfrentar el mismo riesgo: olvidar el jardín interior para cuidar solo la cerca. Cuando lo esencial sede su lugar a lo estructural, cuando las normas pesan más que el amor, cuando se exige lealtad al sistema más que al corazón de Dios, entonces... algo se apaga.

Corazón, Hay iglesias que aún llevan el nombre de Jesús, que predican con autoridad, que parecen vivas por fuera, pero que han dejado de cultivar el jardín personal. Allí ya no crecen los frutos del Espíritu. Allí todo gira en torno a obedecer líderes, repetir frases, cumplir con tareas religiosas, pero el alma no florece. Dios, aunque se le mencione, no está en medio, porque no se busca su rostro. Son, en el fondo, iglesias sin Dios[76].

[76] "Durante el siglo XX, algunos movimientos propusieron religiones o comunidades éticas sin teísmo explícito, centradas en principios morales más que en la adoración divina, como lo exploró la filosofía pragmatista y ciertos sectores del protestantismo liberal."

Este fenómeno, también conocido como comunidades éticas, ha sido descrito desde principios del siglo XX como parte de una tendencia emergente en algunos sectores religiosos; estas son comunidades que, aunque conservan el lenguaje, la estructura y los rituales cristianos, han desplazado su centro de Cristo. Ya no giran en torno a la presencia viva de Dios, sino a la ética, la imagen institucional o la eficiencia organizacional. Se transforman en colectivos funcionales, que pueden promover valores e incluso realizar obras sociales, pero en los que muchas veces falta el Espíritu que da vida. No es que no hablen de Dios, es que ya no viven para Él.

Esta situación ya había sido advertida en las Escrituras. El apóstol Pablo, escribiendo a Timoteo, dijo:

"Teniendo apariencia de piedad,
Pero negando la eficacia de ella;
A éstos evita"
(2 Timoteo 3:5).

Esta es una advertencia clara, Corazón, contra formas religiosas que conservan lo externo, pero han perdido el poder transformador de la presencia de Dios.

Gracia que sobrevive a la decepción

Ahora te presento el ejemplo de Philip Yancey, un autor y periodista cristiano nacido en 1949, conocido por su enfoque honesto y profundo sobre la fe y el sufrimiento. En uno de sus escritos confesó que casi perdió su fe por culpa de la iglesia. Él había crecido en un ambiente eclesiástico rígido, lleno de reglas, pero escaso de amor. Lo que escuchaba en el púlpito no coincidía con el Espíritu de Jesús que leía en los Evangelios. Y se alejó. Pero no de Dios: se alejó de esa caricatura religiosa que usaba su nombre. Con el tiempo, redescubrió la fe y lo hizo a través de la gracia.

En su libro "Sobreviviente del alma"[77], relata cómo su fe fue rescatada por el testimonio de personas imperfectas que reflejaban a Cristo. Volvió a creer, no por la perfección de una iglesia, sino porque encontró una comunidad de gracia, donde lo primero no era el juicio, sino el abrazo. Como él mismo escribió: *"Volví a la Iglesia no porque encontré mucha gracia en ella, sino porque no encontré gracia en ningún otro lugar"*.

Esta frase resume una de las convicciones más profundas de Yancey, de que a pesar de sus fallas, la Iglesia sigue siendo el único espacio donde, cuando se vive desde el evangelio, la gracia puede florecer de forma tangible.

Así, desde esta perspectiva, la Iglesia es un lugar donde los rotos pueden ser restaurados, no por la perfección de sus miembros, sino por la presencia de un Dios que no ha abandonado a su pueblo.

Ten claro algo Corazón, y es que Jesús no tenía paciencia con la religiosidad vacía. Confrontó a los fariseos que amaban los aplausos más que a las personas, que ponían cargas sobre otros sin mover un dedo para ayudarlos. Esta misma actitud de orgullo espiritual y dureza fue una de las causas más profundas de su crítica a un sistema que mantenía la apariencia, pero había perdido el corazón. Aun así, Jesús no rechazó la comunidad. Vivió en medio del pueblo, enseñó en las sinagogas, compartió pan con pecadores y sanó en los patios del templo. Amó a la Iglesia, incluso sabiendo que le fallaría. Como dice el profeta Isaías, prefigurando esta realidad:

---

[77] Yancey, Philip. *Soul Survivor: How Thirteen Unlikely Mentors Helped My Faith Survive the Church.* New York: Doubleday, 2001.

"Este pueblo se acerca a mí con su boca
Y con sus labios me honra;
Pero su corazón está lejos de mí"
(Isaías 29:13).

Con todo esto, Jesús dejó claro que lo importante no era el rito, sino el corazón, el *Lev*. Por eso insistió en una fe que se encarnara en el amor y en la verdad.

Una Iglesia con corazón

Ahora quiero que entiendas algo Corazón. No hay iglesia perfecta. De hecho, como dice una frase popular atribuida comúnmente a Charles Spurgeon: *"Si encuentras una iglesia perfecta, no entres... porque la vas a arruinar"*[78]. La Escritura también te recuerda con humildad que todos fallamos:

"Porque todos ofendemos muchas veces"
(Santiago 3:2).

Por eso, una comunidad de fe no es un club de perfectos, sino un taller de restauración constante. Todos llevan sus imperfecciones, y cuando se unen en comunidad, sus luces y sombras también se encuentran. Pero no todo está perdido aún, todavía hay iglesias que siguen luchando por parecerse a Jesús. Aún existen comunidades donde se ora con sinceridad, donde se sirven unos a otros, donde las diferencias no dividen y la gracia no se raciona. Iglesias

---

[78] "Aunque no aparece en sus escritos oficiales, esta frase ha sido citada ampliamente como parte de la tradición atribuida al predicador bautista del siglo XIX."

donde el Espíritu Santo es más importante que las luces del escenario, y donde el amor es más fuerte que la tradición. Son iglesias imperfectas, pero habitadas por un Dios perfecto.

Y aunque imperfectas, son necesarias. Congregarse no es una opción secundaria, es un reflejo natural del jardín interior cultivado, una necesidad del alma que ha sido transformada por Dios. Cuando Cristo vive en el corazón, el deseo de compartir la fe, de caminar con otros, de vivir en comunidad se vuelve inevitable. Así como una rama no puede subsistir separada del árbol, el creyente tampoco puede crecer en aislamiento.

"No dejando de congregarnos,
Como algunos tienen por costumbre,
Sino exhortándonos;
Y tanto más,
Cuanto veis que aquel día se acerca"
(Hebreos 10:25).

En otras palabras, la Iglesia no es un espectáculo ni una estructura dirigida por élites.

Y sin embargo, en muchos contextos, la hemos convertido en su opuesto: la hemos revestido de jerarquías humanas, de coberturas rígidas, de figuras públicas que brillan más por su fama que por su servicio. El modelo de los cinco ministerios dados por Cristo —apóstoles, profetas, evangelistas, pastores y maestros— fue concebido para edificar, no para escalar. Pero con el tiempo, se transformó en una escalera de prestigios, como si algunos tuvieran más dignidad espiritual que otros. La Biblia, sin embargo, no habla de rangos. Habla de funciones. Funciones dadas para el bien común, para edificar el cuerpo de Cristo *(cf. Efesios*

4:11–12)[79].

Hay algo claro en la biblia y es que la iglesia no debería funcionar como un sistema de castas espirituales donde algunos son celebrados como artistas intocables y otros son tratados como siervos de segunda categoría. En el cuerpo de Cristo, cada miembro es necesario, cada uno es valioso, y todos dependemos del mismo Espíritu.

"Así nosotros, siendo muchos,
Somos un cuerpo en Cristo,
Y todos miembros los unos de los otros"
(Romanos 12:5).

Por eso, congregarse no es asistir a un evento: es participar activamente de ese cuerpo vivo donde Cristo es la cabeza y todos servimos bajo la misma gracia.

Por eso, debes permanecer vigilante. Aun en espacios donde se canta el nombre de Jesús y se cita la Biblia, puedes, sin darte cuenta, pasar de servir a Dios a servir a estructuras humanas. No te dejes atrapar por dinámicas de control, por lealtades que sustituyen la verdad, por manipulaciones emocionales o espirituales que te alejan del corazón del Evangelio. Si lo que florece es temor, culpa constante y agotamiento sin gozo... tal vez estés en un lugar donde se habla de Dios, pero su presencia no habita.

"Cuidado con los falsos profetas,
Que vienen a vosotros con vestidos de ovejas,

---

[79] Efesios 4:11–12 presenta una lista de ministerios dados por Cristo —apóstoles, profetas, evangelistas, pastores y maestros— con un propósito claro: *"a fin de perfeccionar a los santos para la obra del ministerio, para la edificación del cuerpo de Cristo"*. No se trata de jerarquías de poder, sino de funciones complementarias para fortalecer a la comunidad de fe.

Pero por dentro son lobos rapaces.
Por sus frutos los conoceréis"
(Mateo 7:15-16).

En síntesis, una iglesia con corazón es aquella donde cada persona es vista, escuchada y amada. Donde el Espíritu Santo guía, donde el amor edifica, y donde nadie está por encima de otro, sino a los pies del mismo Maestro. Es una comunidad cuyo *lev* es Cristo: su latido, su centro, su razón de ser. Todo gira en torno a Él, y no a los nombres de los hombres. En ella, la gracia no es privilegio, sino pan diario compartido entre hermanos. Al final, el verdadero carácter de una comunidad de fe no se mide por lo que dice, sino por lo que produce. Y los frutos de una iglesia con corazón son evidentes: humildad, servicio, justicia, gozo y verdad. Allí donde esos frutos abundan, allí está Cristo presente.

Hoy, tú y yo también somos parte de esa historia. No como espectadores, sino como colaboradores del sueño de Jesús para su Iglesia. Podemos ayudar a que nuestras comunidades de fe se parezcan más al Reino que Él anunció, una Iglesia que promueve espacios donde florece la gracia, donde la verdad se abraza con el amor, y donde cada oveja encuentra su lugar en el rebaño.

¿Cómo aportamos a construir una Iglesia con corazón? Amando, sirviendo y perdonando. Siendo fieles no a estructuras humanas, sino al corazón de Dios. Recordando que la Iglesia no se sostiene por títulos ni jerarquías, sino por la presencia viva del Espíritu Santo entre nosotros. Y entendiendo que cada paso que damos con humildad, cada acto de misericordia, cada verdad dicha con amor es una piedra más en la edificación de esa Iglesia viva que Él prometió.

"Edificados sobre el fundamento

De los apóstoles y profetas,
Siendo la principal piedra del ángulo
Jesucristo mismo"
(Efesios 2:20).

Seguimos caminando

De esta forma Corazón, se puede concluir que la historia de la Iglesia no es lineal ni perfecta, pero sigue siendo una historia escrita por Dios a través de personas comunes como tú y yo. Es cierto que a veces ha fallado, que a veces ha brillado. Pero siempre que ha regresado a su *lev* —a Cristo— ha vuelto a florecer.

Si alguna vez te decepcionas de la Iglesia, recuerda que no fuiste llamado a seguir una institución, sino a seguir a Jesús. Y donde Él está, allí hay vida.

Por eso, busca comunidades donde el amor sea real, donde la Palabra transforme, donde el servicio sea más fuerte que el juicio. Y si no la encuentras de inmediato, empieza a construirla con tu propio ejemplo.

Porque ser parte de la Iglesia es también decidir cada día:

"Señor,
Hazme parte de tu cuerpo vivo
Y lleno de gracia".

Nos vemos en el próximo capítulo, Corazón. Aún hay mucho por descubrir.

Nota del autor

Este capítulo fue escrito a partir de la experiencia personal, el estudio bíblico y el diálogo con voces confiables de la historia cristiana. Entre las fuentes históricas consultadas, destaca:

- González, Justo L. *Historia del Cristianismo. Tomo 1: Desde los orígenes hasta la Reforma* y *Tomo 2: Desde la Reforma hasta nuestros días*. Editorial CLIE.

También se retoman ideas esenciales del libro:

- Yancey, Philip. *Sobreviviente del alma*. Editorial Vida, 2003 (*Soul Survivor*, 2001), como testimonio honesto de gracia vivida en medio de la desilusión institucional.

CAPÍTULO 9

Entre el fuego y el silencio

"El susurro del Espíritu"

Hola, Corazón mío.

Hoy te escribo con la ternura de quien reconoce en ti un suspiro eterno, un anhelo profundo por lo divino en medio de lo cotidiano.

Te escribo como quien conversa con el alma al atardecer, cuando el cielo se tiñe de promesas y la fe susurra bajito en el corazón de las bondades de Dios en el día.

A veces imaginamos que lo divino solo se manifiesta en grandes milagros, visiones, voces del cielo o sanidades impresionantes. Y sin embargo, la historia de nuestra fe —y de muchos creyentes sinceros— sirven de testimonio de que la presencia de Dios se entreteje, como un hilo de oro, en lo más sencillo de la vida.

Está allí, sí, en lo extraordinario... pero también en lo cotidiano.

Una fe que experimenta

Corazón, en este momento veo necesario ilustrarte sobre algo muy importante que te va a permitir vivir tu fe de manera sana y viva.

Durante el siglo XX, surgieron y se multiplicaron diversos movimientos cristianos profundamente marcados por una vivencia intensa y emocional del Espíritu Santo. Se trata del pentecostalismo, un movimiento nacido a comienzos del siglo en contextos de pobreza y búsqueda ferviente de Dios, y que pronto se expandió por todos los continentes. A este le siguieron los primeros grandes avivamientos documentados en la historia moderna en lugares como Azusa Street (1906)[80], Toronto (1994)[81] y otros eventos masivos donde miles reportaban conversiones, sanidades y manifestaciones sobrenaturales.

Junto con estos, aparecieron las multitudinarias cruzadas de milagros encabezadas por figuras reconocidas globalmente como Oral Roberts, Benny Hinn, Reinhard Bonnke y otros[82], quienes popularizaron un modelo de fe centrado en la expectativa de señales poderosas. Las campañas eran acompañadas por testimonios de personas sanadas de enfermedades incurables, restauradas emocionalmente o transformadas espiritualmente tras un encuentro intenso con Dios. El llamado *"mover carismático"*,

---

[80] Ver: Cecil M. Robeck Jr., *The Azusa Street Mission and Revival*, Thomas Nelson, 2006.

[81] Sobre el avivamiento de Toronto y sus efectos, véase: Poloma, Margaret M. *Main Street Mystics: The Toronto Blessing and Reviving Pentecostalism*. AltaMira Press, 2003.

[82] Estas figuras han sido objeto de estudio por su papel en el cristianismo carismático contemporáneo. Véase: Bowler, Kate. *Blessed: A History of the American Prosperity Gospel*. Oxford University Press, 2013.

que atravesó incluso denominaciones históricas, trajo prácticas pentecostales al seno de iglesias católicas, anglicanas, bautistas y muchas otras.

En estos escenarios, no solo se buscaba enseñar doctrinas, sino provocar un encuentro vivencial con el Espíritu. El culto se volvía una plataforma de experiencia con gritos de júbilo, lenguas angelicales, danzas espontáneas, llantos de arrepentimiento, risas incontrolables e incluso caídas al suelo como respuesta a una unción sentida. Si bien algunos observadores externos veían en ello histeria colectiva o sugestión emocional, millones de creyentes afirmaban haber vivido allí la gracia tangible de Dios.

Estos espacios, con sus luces y sombras, marcaron la espiritualidad contemporánea. Y aunque no exentos de controversia, revelaron un anhelo legítimo en las personas, el de una fe que no se quede en ideas abstractas, sino que se haga carne, se encarne en lágrimas, gozo, poder y cambio de vida. Como lo expresó el apóstol Pablo:

"Mi palabra y mi predicación
No fueron con palabras persuasivas de humana sabiduría,
Sino con demostración del Espíritu y de poder,
Para que vuestra fe no esté fundada
En la sabiduría de los hombres,
Sino en el poder de Dios"
(1 Corintios 2:4-5).

En otras palabras, la experiencia espiritual no es enemiga de la verdad; al contrario, puede ser su expresión viva cuando está arraigada en Cristo. Pero también te recuerda que la verdadera fuerza del Evangelio no radica en los fuegos artificiales espirituales, sino en el amor que transforma y en la cruz que redime.

Este principio lo puedes ver reflejado en la vida de Jesús, quien, aun teniendo todo el poder para hacer prodigios constantes, muchas veces eligió sanar en lo secreto, consolar en silencio y caminar entre los humildes. Recuerda cuando dijo:

"Aprended de mí,
Que soy manso y humilde de corazón"
(Mateo 11:29).

También Pablo, escribiendo a los Gálatas, afirmó que

"La fe obra por el amor"
(Gálatas 5:6)

Y en *1 Corintios 13*[83] enfatizó que, sin amor, incluso los dones más espectaculares pierden su valor.

Ejemplos de esto hay muchos, como cuando una madre ora de madrugada por sus hijos sin que nadie lo sepa, cuando un joven resiste la tentación en soledad o cuando una anciana comparte su pan con el que tiene hambre. Todos estos son actos simples, pero llenos de un poder que no necesita espectáculo. Esa es la fuerza real del Evangelio, agenciada en el amor vivido, la cruz abrazada y la presencia de Dios encarnada en lo ordinario.

Cuando el avivamiento se hizo viral

Ahora bien, Corazón, con el avance de la tecnología, las experiencias carismáticas y avivamientos no se limitaron a auditorios y estadios. A mediados del siglo XX, el

[83] 1 Corintios 13:1–3, Reina-Valera 1960. Pablo declara que sin amor, los dones espirituales son como metal que resuena.

nacimiento del teleevangelismo llevó el culto pentecostal y carismático directamente a los hogares, convirtiendo a la televisión en un púlpito global[84]. Figuras como Billy Graham —más sobrio pero masivo— y luego personalidades como Oral Roberts, Pat Robertson, Jimmy Swaggart, Benny Hinn o Joyce Meyer, establecieron un modelo donde predicación, espectáculo, sanidades y peticiones de ofrenda se unían en una misma transmisión.

Estas plataformas no solo ayudaron a expandir el mensaje, sino también un tipo de cultura espiritual marcada por lo emocional, lo milagroso y lo mediático. Las cámaras captaban a personas cayendo bajo *"poder del Espíritu"*, hablando en lenguas, llorando o siendo *"sanadas en vivo"*. A menudo, el formato televisivo requería resumir lo sobrenatural en minutos impactantes, generando expectativas que no siempre reflejaban la profundidad de una vida transformada.

Con el tiempo, el fenómeno migró al internet. Hoy, muchos de los modelos del teleevangelismo se reproducen en redes sociales, canales de streaming y transmisiones en vivo. Desde TikTok hasta YouTube, podrás ver influencers cristianos multiplicando o criticando profecías, sanidades, mensajes motivacionales y experiencias sobrenaturales para audiencias globales. Aunque algunas de estas voces que encuentras en la red son sinceras y edificantes, otras han aprovechado la masividad para manipular emocionalmente y lucrarse o promover enseñanzas sin

---

[84] Hadden, Jeffrey K. y Anson Shupe. *Televangelism: Power and Politics on God's Frontier*. Henry Holt & Co., 1988. Véase también: Campbell, Heidi A. *Digital Religion: Understanding Religious Practice in New Media Worlds*. Routledge, 2013. Estos estudios documentan cómo el evangelismo mediático transformó la religión en un fenómeno global, desde la televisión hasta las plataformas digitales actuales.

fundamento bíblico sólido.

Esto plantea un gran desafío para la Iglesia, Corazón, y es la necesidad urgente de ejercitar lo que se conoce como discernimiento espiritual. Discernir, en el lenguaje de la fe, no significa sospechar de todo ni vivir con miedo, sino desarrollar la sensibilidad para reconocer lo que verdaderamente proviene de Dios y lo que solo aparenta serlo. Es distinguir entre lo auténtico y lo superficial, entre lo que edifica y lo que solo entretiene, entre lo que exalta a Cristo y lo que busca exaltar al mensajero.

El apóstol Pablo lo define claramente como un don del Espíritu:

"A otro,
Discernimiento de espíritus"
(1 Corintios 12:10).

Y adicional a ello, la carta a los Hebreos lo describe como el fruto de la madurez:

"Los que por el uso tienen los sentidos ejercitados
En el discernimiento del bien y del mal"
(Hebreos 5:14).

Se trata, entonces, de un tipo de sentido espiritual especial que no se obtiene de manera automática ni por inteligencia natural, sino que se ejercita principalmente —como un músculo del alma— a través de los hábitos que aprendiste anteriormente para cultivar tu jardín personal, como son, la oración constante, el estudio reverente de la Palabra, y una actitud humilde que acepta la corrección. Discernimiento es también un fruto que crece y se complementa en el contexto de la comunidad donde otros pueden ayudarte a ver lo que no puedes ver por ti mismo, a confrontar lo que te confunde y a sostenerte cuando las emociones nublan tu juicio.

Esta habilidad espiritual no florece sin el riego constante de una vida espiritual profunda. Solo crece en corazones enseñables, libres del orgullo religioso, y conscientes de que la fe no es un espectáculo, ni un producto de consumo, ni una simple categoría de contenido. Porque no todo lo que se comparte en nombre de Dios está realmente alineado con su corazón.

Como enseñó Jesús:

"No todo el que me dice:
Señor, Señor,
Entrará en el Reino de los cielos,
Sino el que hace la voluntad de mi Padre"
(Mateo 7:21).

Y añadió una frase que se ha vuelto canon en nuestra conversación:

"Por sus frutos los conoceréis"
(Mateo 7:20).

Corazón, no se trata de rechazar los medios digitales ni de apagar lo sobrenatural, sino de aprender a probar los espíritus, como lo dice en *1 Juan 4:1*[85]. A no dejarte llevar solo por lo viral o por lo que emociona, sino por lo que realmente transforma. A buscar experiencias, sí, pero que estén ancladas en la verdad de la Palabra.

Porque la fe genuina no necesita espectáculo: necesita

[85] 1 Juan 4:1. Este versículo exhorta a la prudencia espiritual y al discernimiento en el contexto de la enseñanza y la revelación a causa de los falsos profetas.

profundidad.

El bautismo en el Espíritu: un regalo, no una credencial

Otro aspecto del que debemos hablar, Corazón, es el bautismo, una práctica con dos formas complementarias. La primera es el bautismo en agua, instituido y celebrado desde los días de Juan el Bautista y confirmado por Jesús resucitado como mandato para todos los creyentes. Este acto, que sigue vigente hasta hoy, no es solo un rito simbólico o una tradición religiosa, es una declaración pública de fe, una señal visible de arrepentimiento, y un paso de obediencia que marca la muerte del viejo yo y el nacimiento a una vida nueva en Cristo. En *Romanos 6:4*, Pablo escribe:

"Porque somos sepultados juntamente con él
Para muerte por el bautismo,
A fin de que como Cristo resucitó de los muertos
Por la gloria del Padre,
Así también nosotros andemos en vida nueva".

La segunda forma es el bautismo en el Espíritu, una experiencia personal y transformadora que no siempre llega con manifestaciones externas, pero que deja una huella profunda en el alma. *Efesios 1:13* dice:

"Habiendo creído,
Fuisteis sellados con el Espíritu Santo de la promesa".

No se trata entonces de una fórmula única ni de un fenómeno obligatorio, sino de un regalo de Dios que fortalece, consuela y capacita al creyente para vivir una vida guiada por el Espíritu. Es un sello interior que confirma nuestra identidad como hijos de Dios y nos conecta con su presencia viva. Así, ambos bautismos, Corazón, el de agua y el del Espíritu, se entrelazan como dimensiones de una misma gracia: uno visibiliza externamente la fe que se profesa; el otro habilita interiormente la vida que se recibe.

En muchos testimonios a lo largo de la historia del cristianismo, se evidencia de que este bautismo viene con gozo, paz, consuelo o nuevas fuerzas para amar y servir. Algunos hablan en lenguas[86]. Otros simplemente lloran. Algunos reciben visiones. Otros solo una certeza silenciosa y profunda.

Por ejemplo, Charles Finney, en el siglo XIX, relató cómo una experiencia del Espíritu Santo lo dejó llorando por horas, con una sensación ardiente de amor divino que invadió todo su ser[87]. Corrie Ten Boom, sobreviviente del Holocausto, narró que después de perdonar a uno de sus antiguos carceleros, fue invadida por una paz que sobrepasaba todo entendimiento[88]. Y David Wilkerson, en *La cruz y el puñal*, contó cómo fue lleno del Espíritu sin fenómenos visibles, pero con una pasión renovada por la

---

[86] *Glosolalia* es el término técnico usado para describir el fenómeno de hablar en lenguas, ya sea como un lenguaje extático incomprensible o como un idioma desconocido para el hablante. En contextos cristianos, suele asociarse con una manifestación del Espíritu Santo. Véase: Samarin, William J. *Tongues of Men and Angels: The Religious Language of Pentecostalism*. Macmillan, 1972.

[87] Charles Finney relata su experiencia de llenura del Espíritu Santo en su *Autobiografía*, especialmente en el capítulo sobre su conversión. Véase: Finney, C. G. *Autobiography of Charles G. Finney*. Revell, 1876.

[88] Corrie Ten Boom narra su testimonio de perdón y sanidad interior tras el Holocausto en: Ten Boom, Corrie. *El refugio secreto*. Editorial Vida, 1971.

santidad y el servicio a los más necesitados[89].

Corazón, El error está en absolutizar una forma. Dios se manifiesta como quiere, cuando quiere y a quien quiere. Como enseñó Jesús en *Juan 3:8*:

"El viento sopla de donde quiere,
Y oyes su sonido;
Mas ni sabes de dónde viene, ni a dónde va;
Así es todo aquel que es nacido del Espíritu".

También en *1 Corintios 12:11* se anota que

"Todas estas cosas las hace uno y el mismo Espíritu,
Repartiendo a cada uno en particular como él quiere".

Liberaciones y manifestaciones sobrenaturales

Siguiendo la lista de temas complejos, te quiero hablar de lo que se conoce ampliamente como *"liberaciones"* o exorcismos. Jesús mismo liberó personas oprimidas por espíritus inmundos *(Marcos 5:1-20)*[90], y los apóstoles continuaron esta práctica como parte de su misión. Sin embargo, no todas las manifestaciones modernas conservan el mismo espíritu. En algunos casos, los exorcismos se han convertido en espectáculos donde la dignidad del individuo se pierde en el afán de producir impacto o demostrar poder.

Además, se ha detectado en estas liberaciones una

---

[89] David Wilkerson describe su experiencia de llamado y llenura espiritual en: Wilkerson, David. *La cruz y el puñal*. Editorial Peniel, 1963.

[90] Marcos 5:1–20, Reina-Valera 1960. Relato en el que Jesús libera a un hombre poseído por una legión de demonios, mostrando autoridad espiritual y compasión.

creciente influencia de prácticas ajenas a la tradición cristiana como lo son la santería, el espiritismo, las invocaciones no bíblicas o esoterismo disfrazado de *"revelación"*. Aunque a veces bienintencionada, esta mezcla termina debilitando la coherencia de la iglesia. Diversos estudios, como el informe *"Espiritualidades Alternativas y Religión Popular en América Latina"* (CLACSO, 2020)[91], han señalado cómo estas prácticas sincréticas se infiltran en contextos de vulnerabilidad espiritual y pueden desviar la centralidad de Cristo en la Iglesia como único mediador. Pablo lo advierte con contundencia:

"No podéis beber la copa del Señor,
Y la copa de los demonios..."
(1 Corintios 10:21).

Corazón, esta tendencia ha llegado a ser tan compleja que también se han reportado señales como lluvia de escarchas, diamantes, aceite en las manos o aromas místicos. Sin embargo, muchas de estas experiencias –al carecer de fruto espiritual duradero y evidencia verificable– han sido cuestionadas incluso desde dentro, tanto por creyentes maduros como por expertos en teología pastoral. Por eso, una vez más, la Escritura nos recuerda la importancia de ejercitar el discernimiento:

"Examinadlo todo;
Retened lo bueno"
(1 Tesalonicenses 5:21).

---

[91] El informe citado en la sección sobre sincretismo es: Lupo, Alessandro (Coord.). *Espiritualidades alternativas y religión popular en América Latina*. Consejo Latinoamericano de Ciencias Sociales (CLACSO), 2020. Disponible en: https://www.clacso.org

Recuerda que cuando se absolutizan estas señales, se corre el riesgo de reemplazar a Cristo por el asombro. El Evangelio pierde su poder transformador y se convierte en espectáculo. Esto abre la puerta a abusos espirituales, la dependencia emocional y la confusión teológica.

Una fe madura: entre el fuego y el silencio

Corazón, creer en el poder de Dios no implica aceptar todo lo que brilla. Porque una fe madura sabe reconocer lo sobrenatural sin obsesionarse. Busca más al Dador que a los dones. Más al Cristo crucificado que al espectáculo. Más a la Palabra que a la escarcha.

Sabes, alrededor del mundo hay muchos cristianos que se sienten tristes porque no han vivido señales espectaculares. Pero te confirmo con la palabra de que no es necesario haberlas vivido para tener una fe profunda.

"Bienaventurados los que no vieron,
Y creyeron"
(Juan 20:29).

Tu fe no depende de lo que sientes, sino de a quién sigues. Al Rey Jesús.

El eco invisible de lo eterno

Corazón, créeme: puedes tener una relación profunda con Dios sin haber vivido ningún milagro visible. Puedes ser lleno del Espíritu sin hablar en lenguas. Puedes ser verdaderamente libre sin haber pasado por un exorcismo. Porque lo esencial del Evangelio no son las manifestaciones extraordinarias, sino Cristo, su cruz, su resurrección y su amor eterno. Todo lo demás, si llega, es añadido. Pero si no llega, no te falta nada.

Recuerda:

"Aunque ahora no lo veis,
Os alegráis con gozo inefable y glorioso"
(1 Pedro 1:8).

Ese gozo, fruto del Espíritu, estará disponible para ti.

"El fruto del Espíritu es amor, gozo, paz..."
(Gálatas 5:22).

Está claro de que no todos verán visiones de ángeles celestiales, pero sí es seguro que todos pueden experimentar esa alegría secreta que sostiene en medio de la noche.

¿Recuerdas a Elías, que no halló a Dios en el viento, ni en el fuego, sino en un silbo apacible y delicado? *(1 Reyes 19:11–13)*[92]. Así también obra el Espíritu. Su voz no siempre retumba; muchas veces, susurra. Pero ese susurro, si lo sigues, puede cambiar tu vida.

Que aprendas hoy, Corazón, a vivir con los ojos abiertos y el corazón atento. Porque en lo invisible, Dios sigue obrando milagros que tal vez nadie verá, pero que tú y Él conocerán.

Y si aprendes a ver así —con la mirada afinada por el Espíritu— quizá descubras que lo que llamas cotidiano es solo la antesala de algo mayor.

---

[92] 1 Reyes 19:11–13, Reina-Valera 1960. El profeta Elías experimenta la presencia de Dios no en el viento, el terremoto ni el fuego, sino en un silbo apacible y delicado, revelando que Dios también se manifiesta en lo sutil y silencioso.

Porque aún te espera una revelación más profunda, una Palabra que no viene de los hombres, sino directamente del corazón de Dios.

¿Te animas a seguir escuchando con discernimiento?

No desmalles, nos vemos en las próximas hojas...

CAPÍTULO 10

Corazón limpio, alma firme

"El arte de perdonar y agradecer"

Amado Corazón,

Se que hemos conversado ya de temas profundos y complejos, que hemos conocido y madurado en la fe, pero hoy quiero hablarte de algo que no siempre se enseña, pero que es vital en el camino de la fe: el hábito de mantener el corazón sano y limpio. Porque sí, el corazón que Dios te dio es nuevo, pero no por eso está exento de heridas. Al contrario, muchas veces su ternura lo hace más sensible a los golpes. Por eso, más que nunca, necesita cuidado. Recuerda Corazón:

"Sobre toda cosa guardada,
Guarda tu corazón,
Porque de él mana la vida"
(Proverbios 4:23).

Guardar no significa encerrar, sino cuidar con intención.

Y ese cuidado es un hábito, un ejercicio espiritual. Por eso, déjame compartirte algunos principios que he aprendido —y que sigo aprendiendo— sobre cómo mantener el corazón limpio, aun en medio de las heridas.

El perdón es el filtro del alma

Corazón, perdonar es, quizás, el hábito más poderoso que podemos cultivar para mantener el corazón limpio. No se trata de olvidar ni de justificar, sino de soltar la carga. Jesús mismo te enseñó a orar:

"Perdona nuestras ofensas,
Como también nosotros perdonamos
A los que nos ofenden"
(Mateo 6:12).

En una ocasión, Pedro se acercó a Jesús con una duda sincera, y tal vez un poco de esperanza de que perdonar tuviera un límite razonable:

"Señor,
¿Cuántas veces perdonaré a mi hermano
Que peque contra mí?
¿Hasta siete?"
Jesús le dijo:
"No te digo hasta siete,
Sino aun hasta setenta veces siete"
(Mateo 18:21–22).

Setenta veces siete Corazón. No parece ser una cifra literal, pero si muy simbólica. Jesús no te estaba dando una calculadora espiritual, sino una imagen de perdón sin límites, de gracia que no lleva registro. Pero si hicieras el cálculo, solo para imaginar su fuerza, el resultado sería este:

70 × 7 = 490 veces.

Y si lo distribuyeras en un solo día...

490 ÷ 24 horas = 20.4 veces por hora.
Es decir: una vez cada 3 minutos.

Corazón, ¿puedes imaginarlo? Perdonar cada tres minutos.

Cada latido, una oportunidad de soltar. Cada respiración, una decisión de amar. Cada herida, un llamado a la gracia. Jesús no te pidió esto para agotar tu alma, sino para liberarla del veneno lento del rencor. Perdonar no es olvidar, es no dejar que el pasado contamine el presente.

En un mundo que mide, compara, acumula y exige, Jesús te invita a perdonar sin cálculo, sin récord, sin condición. No porque sea fácil, sino porque es el único camino donde el alma puede sanar de verdad. Y ese camino, Corazón, es un milagro que solo el Espíritu Santo puede sostener.

La psicología ha comprobado el planteamiento de Jesús, demostrando que el perdón sincero reduce el estrés, mejora la salud mental y libera al corazón de resentimientos que intoxican. Pero más allá de lo psicológico, es el Espíritu Santo quien te capacita para perdonar de verdad. Como dice el *Salmo 147:3*:

"Él sana a los quebrantados de corazón,
Y venda sus heridas".

Entonces, haz del perdón una práctica diaria, y una forma concreta de hacerlo es practicar lo que se conoce como la *"Terapia del Perdón"* de Everett Worthington[93]. Sus pasos son:

- **Recordar:** Recuerda la ofensa con objetividad, sin minimizar ni exagerar.
- **Empatizar:** Trata de ver al ofensor con compasión, comprendiendo su humanidad.
- **Regalar:** Decide perdonar como un regalo, recordando cuánto tú también has sido perdonado.
- **Comprometer:** Haz un compromiso público o escrito con ese perdón.
- **Honrar:** Aférrate a tu decisión de perdonar, aun cuando el dolor regrese.

Estos pasos, integrados a la oración y a la dirección del Espíritu Santo, pueden ayudarte a convertir el perdón en un hábito que transforma tu vida desde dentro. A veces no se logra en un día, pero empieza con esta oración: *"Señor, quiero perdonar... ayúdame Tú"*. Y verás cómo, poco a poco, el alma se desinfla de rencor y se llena de paz.

El Consolador es nuestro terapeuta eterno

Jesús nos prometió que no estaríamos solos. En *Juan 14:26* nos dice:

"El Consolador,
El Espíritu Santo...
Os enseñará todas las cosas,

---

[93] Wade, N. G., Hoyt, W. T., Kidwell, J. E., & Worthington Jr, E. L. (2014). *Efficacy of psychotherapeutic interventions to promote forgiveness: A meta-analysis.* Journal of Consulting and Clinical Psychology, 82(1), 154–170.

Y os recordará todo lo que yo os he dicho".

El Espíritu Santo no solo te guía: te consuela, te restaura, te recuerda la verdad cuando todo duele, te acompaña cuando te sientes solo y te abraza con su presencia.

Cuando sientas que el dolor vuelve o que la herida se reabre, ve al Consolador. Es cierto que hoy hay muchas alternativas: hablar con un amigo, buscar terapia psicológica, compartir el dolor con tus líderes religiosos, acudir a un grupo de oración, o incluso escribirle tus angustias a una inteligencia artificial. Algunas de estas pueden ofrecer alivio temporal, otras incluso pueden ser canales que Dios use. Pero hay algo que no debes olvidar: el único que puede llegar hasta lo más profundo del alma es el Espíritu Santo.

Habla con Él como hablarías con un amigo cercano. Él no te juzga, te escucha. No te presiona, te envuelve. Y sí, muchas veces Él usará también medios humanos: un consejero, un amigo, una canción, un versículo, una noche de descanso. No le pongas límites a su forma de sanar. Pero asegúrate de que sea Él quien dirija tu proceso. Porque el Consolador no solo te consuela: te transforma.

Habla, llora, confía

No te calles el dolor, Corazón. Guardar todo hacia dentro no es fortaleza, es encierro. La Biblia está llena de ejemplos de hombres y mujeres que lloraron, gritaron o se quejaron delante de Dios. David escribió salmos llenos de clamor y angustia como estos:

"Estoy cansado de gemir;
Toda la noche inundo de llanto mi lecho"
(Salmo 6:6).

Job clamó con el alma rota:

"¿Por qué no morí yo en la matriz?"
(Job 3:11)

Y también:

"¿Te parece bien que oprimas,
Que deseches la obra de tus manos?"
(Job 10:3).

Jeremías lloró por su pueblo:

"Mis ojos destilan lágrimas,
Sin cesar,
Sin reposo"
(Lamentaciones 3:48–49).

Ana fue incomprendida en su oración, pero derramó su alma delante del Señor con amargura *(1 Samuel 1:10–15)*[94]. Y hasta Jesús sudó sangre en Getsemaní por la angustia que lo oprimía *(Lucas 22:44)*, y desde la cruz exclamó:

"Dios mío, Dios mío,
¿Por qué me has desamparado?"
(Mateo 27:46).

Y no fueron rechazados por eso: fueron escuchados.

---

[94] Ana, estéril y profundamente afligida, fue al templo y oró "con amargura de alma", llorando abundantemente. Aunque el sacerdote Elí la malinterpretó como ebria, Ana le explicó que sólo estaba derramando su alma ante el Señor. Su oración sincera se convirtió en el inicio de una respuesta milagrosa.

Porque el dolor expresado con honestidad no aleja a Dios, sino que lo atrae. Como dice el *Salmo 34:15*:

"Los ojos de Jehová están sobre los justos,
Y atentos sus oídos al clamor de ellos".

Si lo necesitas, también puedes hablar con alguien de confianza. La fe tampoco está en contra de la ayuda profesional. A veces, Dios te quiere sanar a través de una conversación, una escucha sincera o un espacio seguro para procesar lo vivido. No estás solo. Y tu dolor no es demasiado para Él.

Pide perdón también

Corazón, no siempre somos víctimas. A veces, también hieres. Y lo haces con palabras impacientes, con silencios fríos, con promesas rotas o miradas que desprecian. Y esas heridas, aunque no siempre las veas, dejan marcas. Reconocerlo requiere valor, pero es el primer paso hacia la libertad. Y ese paso se da de rodillas, con oración sincera. Porque solo ante Dios puedes ver con claridad el daño que has causado y recibir la gracia para restaurar.

Pedir perdón no te hace menos, te hace más libre. Jesús te enseñó ese camino:

"Si traes tu ofrenda al altar,
Y allí te acuerdas de que tu hermano tiene algo contra ti,
Deja allí tu ofrenda delante del altar,
Y anda,
Reconcíliate primero con tu hermano"
(Mateo 5:23-24).

Entiende que el perdón no empieza en el altar, empieza

en el corazón que ora.

Por eso, cuando ores, pídele al Espíritu Santo que te muestre si has herido a alguien. Él lo hará con ternura, no para culparte, sino para restaurarte. Y luego, pídele valentía para ir y pedir perdón, para buscar reconciliación con humildad. Como dice *Proverbios 28:13*:

"El que encubre sus pecados no prosperará;
Mas el que los confiesa y se aparta alcanzará misericordia".

Recuerda a Zaqueo *(Lucas 19:8)*[95], su restitución fue prueba de una sanidad interna. No solo devolvió lo que había tomado, sino que lo hizo con generosidad y alegría. Pedir perdón no depende del otro, sino de ti. El orgullo te encierra, pero la humildad abre las ventanas de la sanidad. Es precisamente como esa imagen: cuando abres una ventana, entra la luz, se renueva el aire y vuelve la esperanza. Y si esa ventana se abre con oración, el viento del Espíritu la llena de gracia y consuelo.

Cuidado con lo que oscurece el corazón

Corazón amado, el mundo está lleno de muchas luces falsas; te ofrece éxito sin sufrimiento, amor sin compromiso y espiritualidad sin verdad. Las redes sociales te presentan una vida curada, editada y muchas veces irreal, donde el dolor se oculta y la apariencia se celebra. Te ofrecen recompensas inmediatas, placeres sin consecuencias y reconocimiento sin raíces. Pero recuerda

---

[95] Zaqueo, un recaudador de impuestos mal visto por su comunidad se encontró con Jesús y su vida dio un giro radical. Su decisión de devolver lo robado y dar aún más fue la evidencia visible de una transformación interior, nacida del encuentro con la gracia.

mi consejo: la verdad no siempre brilla con intensidad artificial. A veces, la verdad es discreta, profunda y exigente, pero libera.

Sé que vives rodeado de mensajes que te invitan a centrar la vida en la soledad de tu encierro, con frases como: *"sigue tu verdad", "haz lo que te haga feliz", "no necesitas a nadie".* Y aunque hay algo de valor en el autoconocimiento, estos mensajes, si se sacan de contexto, pueden llevar al aislamiento, al egoísmo y a la autosuficiencia espiritual.

También existen espiritualidades superficiales, que ofrecen experiencias sin transformación, emociones sin raíz y milagros sin cruz. Promesas rápidas, pero sin profundidad. Caminos que brillan, pero no conducen a la verdad. Y así, el alma queda expuesta: con hambre de sentido, pero sin dirección.

Por otro lado, también hay voces que justifican la venganza, exaltan la desconfianza o promueven la autosuficiencia como virtud espiritual. A veces, lo que parece fortaleza no es más que un muro construido desde la herida. Hay grupos que se presentan como luz, pero actúan desde la manipulación, el legalismo o el miedo. Incluso dentro de la iglesia podemos encontrar liderazgos o prácticas que, en lugar de sanar, agravan las heridas con juicio y control, empañando el rostro del Dios que vino a restaurar. Por eso, como dice *Proverbios 4:14-15*:

"No entres por la vereda de los impíos...
Apártate de ella".

Incluso las pequeñas concesiones que les permitas tienen el potencial de abrir grietas a la oscuridad.

Por eso reitero, cuida tu corazón, Corazón. Porque hay caminos que parecen derechos, pero terminan en muerte

(Proverbios 14:12)[96]. Y la oscuridad, como le gusta imitar a la luz, no siempre grita: a veces susurra. No le abras la puerta a nada que robe tu paz, tu fe o tu ternura.

Llena el corazón con verdad, alabanza y gratitud

Ahora, un corazón limpio no puede estar vacío. Debes llenarlo de Palabra, de oración, de música que edifica, de amistades sanas y de tiempo con Dios. Hoy tienes acceso a apps devocionales, podcasts, videos, comunidades digitales y muchos recursos más. Úsalos con discernimiento. Llena tus redes de voces que suman, que edifican, que elevan la mirada hacia lo eterno. Y también sé tú una de esas voces, permítete compartir versículos, alabanzas, experiencias de fe. Que tu corazón rebose tanto, que lo que publiques también sane a otros.

Adicional te recomiendo desarrollar un hábito devocional, separa un espacio del día para leer y meditar un pasaje bíblico, escribir tus oraciones, orar en voz alta, cantar con el alma y adorar en el silencio. Como dice *Filipenses 4:8*:

> *"Todo lo verdadero, todo lo honesto,*
> *Todo lo justo, todo lo puro, todo lo amable...*
> *En esto pensad".*

Y no olvides el poder de la alabanza y la adoración. Cuando levantas tus manos, tu espíritu se alinea con el cielo. Cuando tu boca proclama la grandeza de Dios, tus pensamientos se limpian. La alabanza no es solo una

---

[96] Este proverbio nos recuerda que no todo lo que parece correcto a nuestros ojos lo es ante Dios. La apariencia de rectitud puede encubrir caminos que conducen al vacío, al dolor o incluso a la muerte espiritual. Por eso necesitamos discernimiento guiado por la Palabra y el Espíritu.

emoción: es una disciplina del alma que rompe cadenas, como sucedió con Pablo y Silas en prisión *(Hechos 16:25-26)*[97]. El *Salmo 92:1* lo expresa así:

"Bueno es alabarte, oh Jehová,
Y cantar salmos a tu nombre, oh Altísimo"

Y el 40:3 añade:

"Él puso cántico nuevo en mi boca,
Alabanza a nuestro Dios;
Verán esto muchos y confiarán en Jehová".

Ahora bien, la alabanza florece con el agradecimiento. Porque dar gracias no es solo cortesía espiritual, es un acto profundo de fe. Agradecer en medio del caos es decir: *"Señor, no entiendo todo, pero confío en Ti"*. Como dice *1 Tesalonicenses 5:18*:

"Dad gracias en todo,
Porque esta es la voluntad de Dios
Para con vosotros en Cristo Jesús".

¿Notaste que no dice *"por todo"*, sino en todo? Porque la gratitud no niega tu dolor, sino que lo redime. Y cada vez que das gracias en medio de la lucha, algo se rompe en el cielo; se rompen las cadenas, el miedo y la desesperanza.

Corazón, el perdón barre las cenizas del pasado, y el agradecimiento enciende una llama nueva en el presente.

---

[97] Pablo y Silas, encarcelados injustamente, oraban y cantaban himnos a medianoche. Su alabanza, en medio del dolor, fue tan poderosa que sacudió los cimientos de la prisión. Las puertas se abrieron y las cadenas se soltaron, recordándonos que la alabanza no solo consuela: libera.

Uno limpia la casa, el otro la habita con calor. Y juntos, hacen del corazón un hogar donde Dios se queda.

Dar gracias es reconocer activamente la bondad de Dios incluso en medio del quebranto, del dolor, la escases o la enfermedad.

Por eso puedo asegurarte de que la adoración es medicina efectiva para tu paz, para tu fe.

Porque la gratitud es el lenguaje de los redimidos, y la alabanza es su melodía. Cuando juntas ambas partes, tu corazón se fortalece, la esperanza se enciende y la presencia de Dios se vuelve aún más palpable en tu día a día.

Y cuando esa gratitud se expresa a través de la alabanza y la adoración, se convierte en un río que fluye desde tu interior y riega todo a su paso. Recuerda siempre esta diferencia: alabamos a Dios por lo que hace, y lo adoramos por lo que Él es. La alabanza celebra sus obras; la adoración reconoce su santidad, aun cuando no veamos respuestas visibles.

Entonces, puedes alabar con gozo, y adorar en el silencio. Puedes alabar con palmas, y adorar con lágrimas. Porque más allá del ritmo o la melodía, la adoración es una postura del corazón que se rinde ante su presencia.

Como dice el *Salmo 100:4*:

"Entrad por sus puertas con acción de gracias,
Por sus atrios con alabanza;
Alabadle,
Bendecid su nombre."

Y como te recuerda el *Salmo 29:2*:

"Dad a Jehová la gloria debida a su nombre;
Adorad a Jehová en la hermosura de la santidad."

Corazón, el alma agradecida es un terreno fértil para el consuelo de Dios. Y un corazón que perdona, alaba y adora, nunca se endurece.

Última palabra al corazón

Corazón querido, no olvides que, aunque mantener limpio lo que Dios ya limpió no es tarea fácil, sí es posible. No estás llamado a ser perfecto, sino perseverante. Vives en un mundo que constantemente lanza dardos disfrazados de placer, éxito y distracción. Por eso, cuidar tu corazón es un acto de fe diario.

Recuerda esto: el perdón es la llave que libera tu corazón, y el Consolador es quien lo sana y lo fortalece. Tú solo sigue dando pasos, aunque sean pequeños. No estás solo.

Así que respira hondo. Habla con Dios. Pide ayuda. Suelta lo que pesa. Elige con cuidado lo que dejas entrar a tu alma —lo que ves, lo que oyes, lo que piensas— y llénate de lo bueno. Adora, canta, comparte, agradece. Y vuelve a empezar cada día con la certeza de que el que comenzó en ti la buena obra, la perfeccionará.

Seguimos juntos, Corazón.

Hoy también es un buen día para cuidar lo que Dios te dio: un corazón nuevo.

Y sí...

Todavía queda una última carta.

Pero esta vez, no será mía.

Será de Él.

La más esperada.

La más necesaria.

CAPÍTULO 11

De corazón a corazón

"Cuando Dios te habla"

Felicidades, Corazón...

Has llegado al final de estas cartas escritas pensando en ti. Pero en realidad, esto no es un final. Es apenas el principio de lo más importante: tu propio diálogo con Dios, tu propia vida espiritual basada en una fe sana y libre.

Te he hablado con todo el amor que un padre puede sentir. Te he contado lo que sé, lo que he vivido, lo que he aprendido a fuerza de caídas y consuelos. Pero hay algo que ni la mejor carta de papá puede reemplazar, y es el oír a Dios directo a tu corazón.

Por eso, antes de despedirme, quiero pedirte que te detengas. Respira hondo. Cierra los ojos si quieres. Y hazte esta pregunta:

¿Qué pasaría si, ahora mismo, Dios mismo te hablara?

¿Qué pasaría si su voz —más suave que el viento y más fuerte que el miedo— se dirigiera directamente a ti, no con reproches, sino con ternura?

¿Qué pasaría si pudieras sentir que Él te conoce, te entiende, te espera?

No tienes que imaginarlo. Porque ese Dios existe. Y está aquí.

Ahora, Corazón, deja que hable Él...

Carta del Padre

Corazón mío...

Desde antes de que tu vida comenzara, ya eras profundamente amado. Yo te vi antes de que respiraras por primera vez. Te formé con mis propias manos y te llamé a existir con un propósito eterno. No fuiste fruto del azar, ni llegaste por accidente. Fuiste soñado, escogido y separado para cosas grandes desde el principio. Te puse nombre cuando nadie más te conocía. Siempre has sido mío.

He contado cada una de tus lágrimas. Las que otros vieron... y las que escondiste cuando nadie más entendía. Estuve contigo cuando se quebró tu corazón. Cuando la soledad fue demasiado pesada. Cuando el rechazo dejó cicatrices invisibles. Cuando pensaste que no valías... Yo estaba allí. Nunca te dejé.

Cuando dudaste, Yo seguí creyendo en ti. Cuando fallaste, no me aparté. Cuando huiste, caminé contigo, paso a paso. Porque mi amor por ti no se basa en lo que haces, sino en quién soy Yo: fiel en cada temporada, paciente en cada espera, tierno en cada herida, justo en todo tiempo... y apasionadamente comprometido contigo.

Te llamé por tu nombre. Te esperé con misericordia. Te cubrí cuando nadie lo hizo. Y aun cuando pensaste que te habías perdido, fui Yo quien te sostuvo.

¿Recuerdas esa noche en la que pensaste rendirte? Ese suspiro tembloroso que dejaste escapar... Yo lo recogí. Y te abracé sin que te dieras cuenta.

He estado presente en cada paso que diste. En cada decisión silenciosa. En los cruces inciertos y en los caminos estrechos. Te hablé a través de pensamientos que te trajeron paz. Te animé por medio de personas que llegaron justo a tiempo. Puse mi amor en la Palabra, en una canción, en un susurro que calmó tu tormenta. No eran coincidencias. Era Yo. Siempre he sido Yo.

Me importas. No por tu rendimiento, sino por tu esencia. No por tus logros, sino por tu corazón. No me conmueven las apariencias ni los títulos. Me conmueve tu sinceridad. Cuando te acercas, aunque lo hagas temblando, Yo corro hacia ti. Cuando me hablas, aunque no tengas palabras, Yo te escucho como si fueses el único en el universo. Porque así te veo: único, amado, eterno para Mí.

No quiero que vivas con miedo. No te llamé a una vida de ansiedad, culpa o cadenas. Te llamé a libertad. A caminar conmigo sin temor, a descansar bajo mi sombra, a vivir en paz, no como el mundo la da, sino como sólo Yo la doy. Yo soy tu refugio en medio del ruido. Tu sanador en medio del dolor. Tu fuerza cuando te faltan las fuerzas. Tu padre cuando necesitas dirección. Tu amigo cuando necesitas compañía. Tu hogar, siempre.

Conozco tus heridas. Algunas siguen abiertas. Otras llevan años cicatrizando. Pero ninguna es demasiado profunda para Mí. Entrégamelas. No necesitas ocultarlas. Si me dejas entrar, las sanaré desde la raíz. Tal vez no lo veas de inmediato, pero mi sanidad es completa y fiel. No te pido que finjas fortaleza. Solo que vengas tal como eres.

Y si has fallado... escucha esto: no vine a condenarte. Vine a rescatarte. Mi gracia es más grande que tu vergüenza. Mi perdón es más fuerte que tus culpas. No esperes a estar limpio para acercarte: es acercándote que serás limpio. No te exijo perfección, te invito a la sinceridad. Porque donde hay humildad, allí brota mi misericordia como manantial.

Estoy a la puerta de tu corazón. No como un juez con prisa, sino como un Padre que anhela sentarse contigo a compartir pan y conversación. No tienes que decir palabras bonitas. No tienes que orar como un experto. Solo háblame. Tal como lo harías con alguien que te ama profundamente. Porque eso soy Yo. El que más te ha amado, el que más te ama, el que nunca dejará de amarte.

Te amo con un amor sin condiciones. Con un amor eterno. Con un amor que no cambia con el tiempo, ni se apaga con tus errores. Has sido deseado, buscado, guardado... incluso en los días que pensaste que no valías nada.

Este es tu momento. Estoy aquí. No esperes más. No huyas más.

Ven. Descansa. Escúchame...

Yo soy tu Dios.

Y tú, Corazón mío, eres mi hijo amado.

Y nunca dejarás de serlo.

Epílogo

Corazón cerró el libro. No había música, ni luces, ni multitudes. Solo silencio... Un silencio que no dolía, sino que sanaba. Una lágrima descendía lentamente por su mejilla. No era de tristeza, ni siquiera de emoción. Era de encuentro.

No estaba solo.
El Padre lo abrazaba desde dentro.
Y en ese abrazo,
Corazón volvió sobre el camino recorrido,
Como quien repasa una historia que ya le pertenece.

Recordó que fue Dios quien primero lo buscó. Que incluso cuando no sabía cómo llamarlo, Él ya lo llamaba por su nombre. Que no fue su inteligencia, ni su esfuerzo, lo que lo trajo hasta aquí, sino una voz suave y constante que decía:

"Ven a casa".

Recordó que la fe verdadera no es una herencia sin vida, ni una costumbre impuesta, sino una decisión personal de confiar, de creer con los ojos abiertos. Y comprendió que su corazón fue hecho para más, no para cargar culpas, ni para vivir de apariencias, sino para ser habitado por Dios.

Aprendió que no basta con reformar el viejo corazón, sino que hay que nacer de nuevo. Recibir un corazón nuevo. Uno sensible, sincero, capaz de amar. Y que ese nuevo corazón necesita ser cuidado con esmero, como un jardín donde se riega la esperanza, se poda el orgullo y se espera, con paciencia, el fruto del Espíritu.

Entendió que la oración no es solo una obligación religiosa, sino un encuentro diario entre dos que se aman. Que leer la Palabra es abrir la carta de un Padre que todavía habla. Que el dolor no es una señal de abandono, sino un lugar donde Dios consuela y transforma.

Recordó que el perdón no es debilidad, sino medicina. Que liberar al otro es también liberar el alma. Que pedir perdón sana, y que recibirlo levanta. Y que el Espíritu Santo no es un concepto abstracto, sino un Amigo real, un Consolador presente, una llama que calienta sin consumir.

Vio que la iglesia no es una estructura perfecta, pero sí un cuerpo vivo. Que no todos sus miembros son sanos, pero todos son llamados a amar. Que vale la pena buscar una comunidad donde el Evangelio sea verdad vivida, y no solo un discurso repetido. Y que, aunque algunos templos estén vacíos de Dios, el corazón dispuesto siempre será su altar favorito.

Comprendió que lo sobrenatural existe, pero no es un atajo ni un espectáculo. Es el susurro de Dios en lo cotidiano, la paz inexplicable, el gozo sin razón aparente. Es la voz que dice *"estoy contigo"* cuando todo alrededor calla.

Recordó que hay una batalla real en el alma: que la carne quiere lo suyo, el mundo ofrece atajos, y el enemigo susurra mentiras. Pero también recordó que no está solo. Que tiene un Amigo fiel, un Espíritu que habita en él. Que el fruto de ese Espíritu es más fuerte que las obras de la carne. Y que cada acto de amor, cada gesto de fe, cada paso en obediencia es una victoria en esa guerra invisible.

Además, comprendió la importancia de vivir en constante agradecimiento, que solo basta con recordar quién es su Dios y qué maravillas ha hecho a lo largo de la historia para encender la llama de la adoración genuina.

Y entonces todo encajó. Dios no quiere una religión sin alma, ni una rutina sin fuego. Quiere una relación viva. Una amistad que transforma. Una fe que comienza en lo íntimo florece en comunidad y se abre, si Él quiere, a lo milagroso.

El latido de Corazón era ahora más firme y sereno.
No tenía todas las respuestas, pero tenía una certeza:
Dios lo amaba.
Dios lo escuchaba.
Y Dios caminaba con él.

Y su corazón, por fin, respondió:

—Aquí estoy, Señor... hablemos.

Y entonces todo encajó.
Corazón recordó el sueño con el que su padre había

comenzado esta larga conversación. Aquel campo con pastos delicados, la voz que cantaba sobre fidelidad, el lugar donde no hacían falta las palabras para sentirse amado. En su momento, le pareció solo una imagen hermosa, quizá un símbolo... pero ahora lo entendía: ese sueño era real. No solo para su padre. También para él.

Porque ese lugar existe en el corazón de Dios, donde cada hijo es esperado, buscado y amado con ternura eterna. La canción no era solo una melodía celestial, era el mensaje que lo había acompañado en cada página:

"Ven, descansa, escucha...
Yo estoy contigo."

El libro había terminado, sí... pero la invitación seguía abierta.

NOTAS DEL AUTOR

Milagros en el camino

Este libro fue escrito en medio de días de inspiración... y también de pruebas. Mientras les daba forma a estas páginas, nuestra familia vivió dos experiencias que marcaron profundamente mi corazón, y que hoy quiero compartir contigo, Corazón querido, porque también son parte del mensaje de estas letras.

Mi padre —un pastor de corazón incansable— sufrió una caída desde más de tres metros de altura. Es un hombre mayor, de esos que rara vez se detienen, incluso cuando el cuerpo se los pide. Aun así, aquel día, algo lo detuvo. Cayó al suelo, sí... pero sin una sola fractura. Ni un hueso roto. Nada que lamentar. Solo el silencio de lo que pudo ser una tragedia, y la certeza de que una mano invisible lo sostuvo. Cuando hablé con él, me dijo algo que me conmovió: *"Dios me permitió descansar y ver su poder actuar a mi alrededor"*. Quizás no necesitaba que lo sanaran... sino que lo detuvieran para mostrarle algo más grande.

Poco tiempo después, mientras trabajábamos en la

edición del capítulo 5 —*Un corazón nuevo: Dos veces nacido*— mi suegro, también un hombre mayor, sufrió un infarto al miocardio. Fue un momento límite. Un instante donde la vida se vuelve frágil y la fe se hace urgente. Sobrevivió. Recibió un bypass coronario. Pero lo más impactante no fue solo la intervención médica, sino lo que él mismo expresó después: *"Me siento como un hombre nacido de nuevo"*. No lo dijo como una frase bonita. Lo dijo con la profundidad de alguien que ha visto la muerte de cerca y ha decidido vivir diferente. Hoy, lucha cada día por cambiar sus hábitos y vivir con propósito. Su recuperación no ha sido fácil, pero su voluntad es más fuerte que nunca. Y su fe, más viva que antes.

Ambas experiencias se cruzaron con el mensaje del libro como señales silenciosas de que Dios sigue hablando. No solo a través de conceptos o capítulos, sino a través de la vida misma. Porque hay momentos en los que el mensaje y la realidad se abrazan. Y entonces, lo que escribimos deja de ser teoría y se convierte en testimonio.

Corazón, si hoy estás leyendo esto en medio de una prueba o con el alma dolida, quiero que sepas que los milagros no siempre llegan como relámpagos. A veces llegan como susurros. Como fuerza para seguir. Como descanso inesperado. Como un nuevo corazón latiendo, otra vez... por gracia.

ACERCA DEL AUTOR

Enrique "Profe" Escamilla cantautor, docente universitario y conferencista. Es **Licenciado en Música, Magister en Neuropedagogía** y actualmente investiga los vínculos entre espiritualidad, cerebro y fe desde el campo emergente de la **Neuroteología**.

Nacido en Colombia en 1984, hijo de pastor y salmista. Como músico cristiano, **Profe Escamilla** ha sido reconocido con el **Gold Praise Music al Mérito** en el año 2024, uno de los mayores reconocimientos a su trayectoria musical. Su discografía incluye canciones como *Tu Presencia es mi Deseo*, *Gloria*, *Él Siempre Cuidará de Mí*, *Encuentro* y *Júbilo*.

Desde su vocación como autor, busca crear puentes entre la fe profunda y la vida cotidiana, escribiendo con un lenguaje cercano, bíblico y poético.

Más Información:

https://ffm.bio/profeescamilla

¿Y si seguimos este encuentro... con música?

Este libro nació como una conversación de corazón a corazón, pero también inspiró el álbum musical *Encuentro*.

Son cinco canciones compuestas para acompañarte en el camino de buscar a Dios en lo íntimo, en lo cotidiano y en lo verdadero.

Si en algún momento sentiste que alguna página de esta obra te habló al alma, tal vez estas melodías también puedan hacerlo.

Te invito a escucharlas con el mismo corazón abierto con el que has leído estas líneas.

Escucha *Encuentro* aquí:

Made in the USA
Middletown, DE
18 September 2025

13502336R00096